从研究到实践：

企业智库建设之路

国网上海市电力公司企业智库（创新发展研究中心） 编

中国电力出版社
CHINA ELECTRIC POWER PRESS

图书在版编目（CIP）数据

从研究到实践：企业智库建设之路 / 国网上海市电力公司企业智库（创新发展研究中心）编 . —北京：中国电力出版社，2024.11

ISBN 978-7-5198-8601-1

Ⅰ . ①从… Ⅱ . ①国… Ⅲ . ①电力工业－工业企业－企业战略－研究－中国 Ⅳ . ① F426.61

中国国家版本馆 CIP 数据核字（2024）第 026351 号

出版发行：中国电力出版社

地　　址：北京市东城区北京站西街 19 号（邮政编码 100005）

网　　址：http://www.cepp.sgcc.com.cn

责任编辑：吴　冰

责任校对：黄　蓓　李　楠

装帧设计：王红柳

责任印制：石　雷

印　　刷：北京九天鸿程印刷有限责任公司

版　　次：2024 年 11 月第一版

印　　次：2024 年 11 月北京第一次印刷

开　　本：787 毫米 ×1092 毫米　16 开本

印　　张：12.25

字　　数：172 千字

定　　价：80.00 元

企业智库研究的扛鼎之作

　　企业智库研究一直是我国智库研究领域里的一个短板，高质量的论文和研究报告寥寥无几，更不要说拿得出手的专著了。之所以会这样，有以下两个原因：第一，企业智库概念是否成立在智库研究界是有争议的。西方智库研究专家一般不认可这个概念，他们认为智库是从事公共政策分析的非营利性机构。一方面，企业智库隶属于企业，而企业的本质属性就是通过投入经营产出活动得到合理的利润，就营利性而言，企业智库服务于企业的经营生产活动，是经营的一部分，也是寻求利润的过程，因此，企业智库不符合智库的非营利属性。另一方面，企业智库大部分工作是服务本企业的决策咨询工作，所从事的政策研究以企业自身政策为主，并非公共政策，就这一点而言，企业智库也不符合智库的公共性特征。第二，企业智库实践落后于时代的发展。虽然 2014 年中办第 65 号文件《关于加强中国特色新型智库建设的意见》里已经提出要"建设高水平科技创新智库和企业智库"，并且明确界定"企业智库"是指"国有及国有控股企业"兴办的产学研用紧密结合的新型智库，企业智库的主要任务是"重点面向行业产业，围绕国有企业改革、产业结构调整、产业发展规划、产业技术方向、产业政策制定、重大工程项目等开展决策咨询研究"，但是我国国有及国有控股企业建设智库的热情并不高。由于实践滞后，企业智库研究自然也就不温不火。

2023年5月，国务院国资委印发了《关于中央企业新型智库建设的意见》。文件提出，到2025年，重点建设5~10家具有重要决策影响力、社会影响力、国际影响力的中央企业新型智库。力争到2035年，建成一批支撑世界一流企业发展的中央企业国家高端智库，全面建成中央企业新型智库体系。这个文件的印发极大提升了央企建设新型智库的热情，大部分中央企业闻风而动，投入大量资源规划部署智库建设，大大促进了企业智库的理论和实践的研究。《从研究到实践：企业智库建设之路》是这一浪潮中的弄潮之作、引领之作、扛鼎之作。这本书在理论研究方面既有归纳继承，又有大胆创新，在实践研究方面为上海电科院的智库建设做了非常系统全面的概括总结提炼。

第一，本书定位精准、结构用心、布局合理。对于企业智库建设的同行而言，现在需要的不是高头讲章，而是够用的智库知识储备、肯定明确科学的企业智库理论、切实管用的实践指南。对于企业智库建设而言，本书不仅供给了准确的智库知识体系，而且为同行构建了系统的企业智库基本理论，还为读者提供了智库建设的最佳实践。本书定位非常精准，就是这么一部写给企业智库建设同行看的书。全书结构分三部分：一是中外智库基础知识梳理，前面三章系统介绍了智库的形成和发展、智库的内涵和评估、智库的分类及例证；二是企业智库的基础理论和建设路径；三是企业智库建设的实践案例。这样的结构和布局是读者视角的、是用心的、精准的、精简的、科学的。这体现了工程科学专家的优良学风，脚踏实地、问题导向、够用管用，避免了洋洋洒洒动辄千言万语、云山雾罩不得要领的学院派文风。

第二，本书提出了新的企业智库概念。作者认为"企业智库是由企业所创办的、立足于企业并服务于公共决策制定的非营利性研究咨询机构。"这是颇有新意的概念，创新之处是作者强调企业智库必须"立足于企业"。作者认为这主要体现在两个方面，"一是在研究选题上，主要从企业自身业务背景和经营管理特征出发，与公共决策的需求相结合，聚焦企业转型发展、行业技术进步、产业政策制定等具有战略性、宏观性和普遍性的研究内容；二是在运营上，以企业作为强大的后盾，充分依托企业丰富的专业能力、资料文献、数据资源、人才队伍、合作关系、宣传渠道等，开展智库的相关工作。"的确，企业智库建设要立足于企业非常重要，笔者除了赞成这两点之外，还想补充几点。首先，就我国的现实语境来看，企业智库主要还是指国企和国有控股企业办的软科学研究机构，一般来说，不把其他类型企业主办的软科学研究机构看成是企业智库。这是有原因的，央企智库是我国企业智库的主体，在首批国家高端智库建设试点单位中就有中国石油集团经济技术研究院。央企，尤其是垂直整合的央企，在关系国家安全和国民经济命脉的主要行业和关键领域占据重要地位，是推动实现中国式现代化的战略安全基石，是构建支持全面创新体制机制中的排头兵，是现代化产业体系建设的引领者、保障者，是国民经济的"顶梁柱、压舱石"。公共性和外部性是央企的本质属性和最鲜明的特征，因此央企智库无论是为企业集团服务还是为党委政府提供决策咨询服务都具有公共性质和外部效应。这就是解释了为何我国企业智库，特别是央企智库具备了现代智库的公益属性。其次，立足于企业还需要从决策依据的平衡性上来理解。决策者在决策过程中采信证据时要注意外部研究与内部研究的平衡。一般的决策咨询服务模式存在甲方与乙方的供给关系。甲方需要服务，乙方供给服务。乙方可能是高校智库、社科院智库、党校智库等公益性机构，也可能是外部咨询公司，一般来说，都不大可能是相关决策咨询主体的利益相关方，不存在利益冲突的情况。这种不存在利益冲突的决策咨询供给，称之为"外部研究"，外部研究的好处是不存在利益冲突，但是外部研究的问题也在于此。外部研究最大的问题是外部研究难以深入行业内部，行业内部的经验、体会、共识，甚至痛处，外部研究者可能永远get 不到。比如，关于医保改革，有关方面曾经委托给知名大学的知名专家研究，但是实践证明，专家提出的方案是失败的。因此，对于高明的决策者而言，不能完全回避内部人士内部视角的研究，即使存在利益冲突甚至利益代言情况也要有来自内部人士的研究成果。内部研究与外部研究各自提供自己的观点和数据，决策者同时掌握两种甚至多种观点和不同来源的数据，这是明智决策（informed decision）的基础。企业智库，特别是央企智库的价值就是为党中央国务院及其部委办局决策提供来自企业内部视角的观点和数据，这些观点和数据的稀缺性、代表性、经验性、专业性、行业性是其他类型智库无法提供、无法替代、无法具备的。

第三，本书在企业智库建设路径有一系列重要创见。①作者指出智库是一种典型的知识创新型组织，亦即"信息型组织"。

传统的科层组织结构和自上而下的集权式管理模式不适用于智库研究的开展。主张采用"主星＋卫星"的组织架构形态，"主星"是组织架构的内核，是由常驻研究人员组成的稳定架构；"卫星"是组织架构的外延网络，是由流动研究团队组成的灵活架构。这种比喻比传统"小核心＋大外围"的说法更形象更准确。②作者主张抛弃传统的 KPI 考核，采用 OKR (Objectives and Key Results) 即目标与关键成果法考核，这也是极具慧眼的明智判断。现代智库核心要素不外乎是知识员工和数据，德鲁克早就指出对待知识员工采用计件工资制是行不通的，KPI 不过是计件工资制的一种花哨表达，为何行不通？关键在于知识员工的产出无法计件。研究报告是按照份数计算？还是按照字数计算？按照任何一种办法计算，知识员工都有足够多的策略对付考核者，让 KPI 考核失去准确性和公平性。因此，把 OKR 作为智库绩效考核的新方法是符合智库本质属性的做法，这不仅体现了作者对智库规律的深刻洞察，而且也展示了作者对 OKR 理论与方法的熟稔。但是，智库在采用 OKR 方法时一定要注意不能仅仅关注员工的知识产出，而要把员工自身人力资源的资本化也列入主要的目标体系里。智库员工自身的知识提升、技能成长和社会网络拓展就是智库自身的成长，尤其在员工流动极低的，几乎终身雇用的央企智库来说尤其如此。③本书高度重视智库社会网络构建的价值，提出了智库社会网络的重要路径。信息，尤其是情报性质的信息、数据和知识相当一部分是存储在社会网络中的，这种灰色的、非正式的信息情报往往是从正式文献和公开网络上无法获取的。对于智库而言，融入这种社会网络，主动构建自己的社会网络是极其必要的。本书系统地提出了组织网络、人际网络、资源媒介网络构建的重点，介绍了织密节点、挖潜关系的方法，显得慧眼独具。④本书提出了专业化业务框架建构的系统方案。作者从特色产品体系、全面质量管理体系、成果传播机制三方面阐述了专业化业务框架的内容、要素、结构与实现路径。

第四，本书提供了企业智库建设的示范案例，系统介绍了"国网上海电力企业智库"建设经验。本书首先描述了其"机关本部＋两院＋两中心"［公司本部、电科院、经研院、党校（培训中心）、客户服务中心］的组织架构。国网上海电力企业智库采用"金字塔"式运作模式，按照金字塔结构，分层级组建驻库工作开展的刚性机构、柔性团队和外部智库合作，形成上下贯通、刚柔并济、灵活互动、内外互通的组织架构。其次，本书分析了国网上海电力企业智库的业务与产品体系。其业务采用全生命周期闭环运行管理，每项业务都要经历承接与响应、方案设计与执行、成果发布及转化的全生命周期，构成一个业务运行闭环。再次，本书介绍了国网上海电力企业智库的 T 型人才培养与流动模式。"T"的一横代表人才应全面具备能力素质的基本要求，"T"的一竖代表人才应至少在"专业型、方法型、计算型、战略型、政策型"五个方向之一具备长板。T 型智库人才构想无疑是符合国网上海电力企业智库这类软硬结合的智库要求的，是智库人才画像的创新。同时，案例还详细介绍了其 OKR 管理体系的实施方案。

"操千曲而后晓声，观千剑而后识器"。这本书不仅对企业智库建设诸多理论问题信手拈来、条分缕析、娓娓道来，而且这本书是典型的实践出真知，来自实践、高于实践、指导实践、引领实践。我相信本书一定会对中国企业智库建设和企业智库理论研究起到积极的促进作用。

不揣浅陋，是以为序！

南京大学中国智库研究与评价中心主任，首席专家

南京大学信息管理学院教授、博导

《智库理论与实践》副主编

2024 年 8 月 28 日

在当今全球化快速推进、决策环境日益复杂的背景下，智库作为政策研究和决策咨询的重要机构，其角色与作用愈发凸显。企业智库作为智库群体中的新生力量，不仅承载着推动企业发展的使命，更在促进国家治理体系和治理能力现代化中发挥着不可替代的作用。因此，《从研究到实践：企业智库建设之路》一书的出版，恰逢其时，意义重大。

在当今时代，企业智库的建设不仅是企业自身发展的内在需求，更是国家治理现代化的重要推手。随着企业规模的不断扩大和业务的不断拓展，企业面临着越来越复杂的决策环境和挑战。如何科学决策、民主决策、依法决策，成为企业必须面对的重要课题。而企业智库正是破解这一课题的关键所在。通过汇聚高端人才、整合优质资源、开展深入研究，企业智库能够为企业提供科学的决策支持和智力保障，推动企业实现高质量发展。

总之，《从研究到实践：企业智库建设之路》一书不仅是一部系统阐述企业智库建设理论与实践的学术著作，更是一部指导企业智库建设与发展的实用指南。相信本书的出版将对推动我国企业智库的发展、提升国家治理体系和治理能力现代化水平产生积极而深远的影响。在此，我衷心希望本书能够得到广大读者的关注与喜爱，共同为我国企业智库的建设与发展贡献力量。

兰州大学管理学院副院长、博导 张国兴

在全球经济一体化加速推进的今天，决策环境日益复杂多变，对政策研究和决策咨询的需求空前高涨。智库作为连接知识与决策的重要桥梁，在全球范围内发挥着不可替代的作用。在中国，随着改革开放的深入和国家治理体系的不断完善，智库建设也迎来了前所未有的发展机遇。企业智库作为智库领域中的新生力量，因其与企业紧密相连的特殊性，正逐渐成为推动企业发展、辅助国家治理的重要力量。

《从研究到实践：企业智库建设之路》一书，正是在这样的背景下应运而生。本书旨在全面探讨企业智库的内涵、价值、发展历程及建设路径，为我国企业智库的建设与发展提供理论指导和实践参考。

本书首先回顾了智库的发展历程，从古代智库的萌芽与雏形，到现代智库的兴起与繁荣，通过详实的历史资料和生动的案例，展现了智库在不同历史时期和社会背景下的独特形态与功能。通过对国内外智库的比较分析，特别是对美国、英国、法国、日本等发达国家智库的深入研究，本书揭示了智库在国家治理和社会发展中的重要作用，为我国企业智库的建设提供了有益的借鉴和启示。

在企业智库的定义与内涵部分，本书明确指出，企业智库是由企业创办、立足于企业并服务于公共决策制定的非营利性研究咨询机构。这一界定既突出了企业智库的企业属性，又强调了其服务公共决策的社会责任。通过对企业智库特殊性的深入剖析，本书揭示了企业智库在决策咨询、政策研究、舆论引导等方面的独特优势和作用。

在探讨企业智库建设路径时，本书从组织架构、人才培养、信息渠道、业务框架及内外协作等多个维度入手，提出了全面而具体的建设举措。在组织架构方面，本书强调实体化运作的重要性，并提出了"刚柔并济"的组织架构模式；在人才培养方面，本书指出应建立完善的人才培养体系，注重分层分类培养和多样化培训手段；在信息渠道方面，本书倡导构建多元化、高效化的信息渠道网络，提高信息采集、处理和分析的能力；在业务框架方面，本书提出了专业化的业务开展模式，注重选题的专业化、研究的科学化和成果的实用化；在内外协作方面，本书倡导建立生态化的协作机制，加强与政府、高校、研究机构、媒体等外部组织的交流与合作。

尤为值得一提的是，本书以国网上海市电力公司企业智库建设为样例，展示了企业智库在推动企业发展、辅助国家治理中的具体作用，还为企业智库未来的建设和发展提供了有益的参考和启示。

总之，《从研究到实践：企业智库建设之路》一书，是一部系统阐述企业智库建设理论与实践的学术著作。相信本书的出版将对推动我国企业智库的发展、提升国家治理体系和治理能力现代化水平产生积极而深远的影响。我们期待本书的出版能够引起社会各界的广泛关注和讨论，共同为我国企业智库的建设与发展贡献力量。

编者
2024 年 5 月

目录

序一

序二

前言

第一章　智库的形成和发展 1

第一节　智库的萌芽和雏形 2

一、中国古代智库 2

二、外国古代智库 4

第二节　智库的成长和蓬勃 5

一、现代智库的发展 5

二、现代智库发展特征 12

三、现代智库总体发展情况 18

第三节　智库的愿景和期望 22

一、中国智库发展愿景 22

二、中国智库建设方向 24

第二章　智库的内涵和评估 27

第一节　智库的定义内涵 28

一、国外研究 28

二、国内研究 29

三、智库的本质 30

第二节　智库的功能价值 32

一、智库的功能 32

二、智库的价值 34

第三节　智库的工作方式 35

一、智库的决策思维方式 35

二、智库影响决策的方式 36

第四节　智库的能力评价 37

　　一、国内外智库评价研究 38

　　二、典型智库评价体系 42

第三章　智库的分类和案例 **49**

第一节　智库分类 50

第二节　政府智库 52

　　一、日本防卫研究所 53

　　二、中国国务院发展研究中心 54

　　三、中国社会科学院 55

第三节　高校智库 56

　　一、莱斯大学贝克研究所 57

　　二、北京大学国家发展研究院 57

　　三、中国人民大学国家发展与战略研究院 58

第四节　传媒智库 58

　　一、经济学人智库 59

　　二、新华社智库 60

　　二、南方传媒智库矩阵 60

第五节　社会智库 63

　　一、布鲁金斯学会 64

　　二、日本国际问题研究所 67

　　三、全球化智库 68

第六节　企业智库 69

　　一、企业智库的诞生及发展 69

　　二、野村综合研究所 71

　　三、兰德公司 72

　　四、国网能源研究院 74

五、中国石油集团国家高端智库研究中心 75

六、阿里研究院 77

第四章　企业智库定义和建设路径 79

第一节　学术界关于企业智库的争论 80

第二节　对企业智库的理解 82

一、企业智库的定义、内涵及辨析 82

二、企业智库的特征 83

第三节　实体化的组织架构 85

一、实体化组织架构的内涵 85

二、实体化组织架构建设的必要性 85

三、实体化组织架构建设的总体思路 86

四、实体化组织架构建设的重点举措 88

第四节　复合化的人才培养 98

一、复合化人才的内涵 98

二、复合化人才培养的必要性 101

三、复合化人才培养的总体思路 101

四、复合化人才培养的重点举措 102

第五节　多元化的信息渠道 114

一、多元化信息渠道的内涵 114

二、多元化信息渠道建设的必要性 115

三、多元化信息渠道建设的总体思路 116

四、多元化信息渠道建设的重点举措 117

第六节　专业化的业务框架 124

一、专业化业务框架的内涵 124

二、专业化业务框架构建的必要性 125

目录

三、专业化业务框架构建的总体思路 126

四、专业化业务框架构建的重点举措 127

第七节　生态化的内外协作 136

一、生态化建设的内涵 136

二、生态化建设的必要性 139

三、生态化内外协作的总体思路 140

四、生态化内外协作的重点举措 141

第五章　企业智库建设实践——以电力企业为例 151

第一节　组织架构和运作模式 153

第二节　业务与产品 155

一、业务承接与响应 155

二、方案设计与执行 157

三、成果发布及转化 159

第三节　人才和激励 161

一、Ｔ型人才画像 161

二、多通道人才流动模式 162

三、OKR 的应用 163

四、多维激励手段 166

第四节　资源与平台 167

一、开拓多种文献获取渠道 167

二、提升对公司业务认知深度 168

三、强化智库合作生态圈建设 168

四、构建智库成果共享平台 169

总结与展望 170

参考文献 172

从研究到实践：

企业智库建设之路

第一章 | 智库的形成和发展

第一节　智库的萌芽和雏形

一、中国古代智库

中国古代智库有着悠久的历史。初时，统治者招揽有谋略才能的能人志士，发挥其在治国理政方面的优势，借以成就一番王图霸业；继而，策士群集，大批有智慧的人才集中起来，形成了古代智库的雏形；后来，中国封建制度确立并完善，统治者对智力支持的需求愈发强烈，便发展出了相关制度将智库这一咨政辅国的形式进行固化。

在文明初创时期，人们更加看重和依赖老人的智慧。《礼记》记载，上古时代的有虞氏部落有"尊老"文化，由部落中管理经验丰富的长者教导年轻人，为部落发展出谋划策。到夏商周时期，发展出"三老五更，互言之耳，皆老人更知三德五事者也"，即年长者发挥智慧与影响力，内化百姓、外谋发展、左右舆论、教化礼法，已经呈现出智库的基本特征。《荀子》说"养老长幼，持之而后存"，即将老人的智慧应用于国家治理十分重要，事关国家存亡。

随着文明的发展，人们逐渐意识到运用智力解决问题比单纯动用武力的效率更高、效果更好。《孙子兵法》强调"上兵伐谋"，认为懂得运用谋略比直接的军事斗争还重要。《曾子》亦有言，"用师者王"，即仰仗比自己智力水平更高的"师者"才能成就最高的事业。帝王将相认识到智囊在维护统治、推动社会发展中的重要作用，因而广泛招贤纳士，这些门客、谋士、幕僚、军师、师爷等为统治者或地方官员出谋划策，协助其治国、理政，是我国早期智库的形态。

春秋战国时期，诸侯争霸，各诸侯国普遍建立"养士"制度，当时号称"四公子"的孟尝君、春申君、信陵君和平原君都以"养士"著称，各有门客数千人，其中就包括策士们组成的"智库"。春秋时期的政治家管仲，以其出色的智谋辅佐齐桓公成为五霸之首。这一时期最负盛名的智库类机构当数稷下学宫，它创建于齐威王初年，是官办机构，因位于齐国国都临淄的稷门附近而得名。稷下学宫有教学的职能，但更强调招致贤人，先后汇集了天下贤士上千人，包括孟子、荀子、淳于髡、邹衍、申不害、季真、尹文子、鲁仲连等，其中荀子三次担任学宫之长。齐国对这些知识分子很尊重，允许他们"不治而议论"，使该学宫具备了教育和智库的双重职能，不少知识分子享受着"上大夫之禄"，大家争鸣雄辩，纵论治国方略。

秦国重视招揽智谋人士、采纳智囊之策，才能以西部贫弱之小国而雄踞天下，战胜齐、燕、楚、韩、魏、赵六国而统一全国。秦朝建立正式设置谏议制度，向皇帝谏言，包括奏议和封驳等。秦还建立了博士制度，令知识渊博者担任政策咨询与决策顾问的角色，汉朝承袭其制并加以完善，据《汉书》记载，"博士"需博古通今，"国有疑事，掌承问对"，朝廷通常设置数十位博士官职，由其组成的"智库"已经颇具规模。

从秦汉到唐宋，智库的决策咨询机制得到发展，唐朝设置了翰林院，发挥文化学术事业传承之用，另有草拟机密诏书之职，翰林学士直接为皇帝服务，参与重大决策的酝酿筹划，既是皇帝的"机要秘书"又是智囊，其重要性日益突出。智库咨政建言的职能之外还结合了监察职能，宋代设置了言事御史，强调各个中央机构之间的互相制衡与监察纠举职能。

到明清时期，智库的决策咨询制度与机制更为庞杂。朝廷完善咨政建言的相关机制，设置朝议、部议、集议、奏本等方式完善国家决策。明朝设置殿阁大学士为辅政官员，担任皇帝顾问身份，参与决策，还有诸如掌院学士、侍讲、侍读、修撰、编修、检讨、庶吉士等不同分工与级别的官职，辅政机构越来越庞大，智库作用越来越明显。到了清朝，开府设幕已经成为国家制度的一项重要内容，随着清朝不断卷入近现代的全球化进程中，各级官吏将"幕府"制度推到了最高峰，地方摆脱中央，自行招募僚佐以帮助治理地方事务，成为清代政治最为突出的特征之一。

总而言之，古代智库从上古时代的萌芽到先秦时期的雏形，再到秦汉的正式化、唐宋的制度化，接着到明清时期的壮大、庞杂，足可见智库文化传统在中国源远流长，自成体系。历史实践表明，三老五更、百家争鸣、运筹帷幄、舌战群儒、竹林七贤、翰林学士、明清幕学、晚清中兴，都是我国封建社会汇集优秀人才之所，也是各朝代高层政治人物的输出之所，发挥着决策咨询、辅佐君主治理国家的作用。

二、外国古代智库

在西方国家，早期智库功能同样体现在智者参与国家治理的模式上，知识群体往往通过对统治者施加影响，使自身的知识对社会产生影响，具有智库资政启民的特征。此外，有些智者必须接受统治者的赞助，从某种意义上说他们充当了政治人物的谋士。例如，马基雅维利就接受过佛罗伦萨的实际统治者梅蒂奇家族的赞助，马基雅维利的《君主论》就是献给梅蒂奇家族掌权人的。

德尔菲神庙呈现出智库的早期形态，作为古希腊城邦的顶级智库和信息交易中心，影响着公元前6~公元4世纪爱琴海的国际政治关系。古希腊人向德尔菲神庙祭司提出问题，祭司以神的名义作出回答，便是当时在古希腊人生活中有着广泛影响的神谕。为了维护德尔菲神谕的信誉，祭司们必须见多识广，上知天文下知地理，博通国际局势与军事知识，还要有商业、航海等领域的眼线，组成消息灵通的信息网。神庙祭司广泛收集地中海各国的地理、军事和政治情报，依据这些情报做出判断，以预言诗和谜语等形式告诉求仙问道的王公贵族。德尔菲神谕在当时扩张殖民、开拓边疆和国际战事等方面起到了独特的作用。

波斯在前伊斯兰时期也出现了智库的雏形。古代波斯文学、宗教和哲学文献表明，波斯（早期伊朗）智库主要体现为学者通过撰文参与协商国家事务，扮演统治者智囊的角色。伊斯兰教什叶派第一任伊玛目阿里曾嘱咐自己最亲密的追随者莫勒克·阿什塔尔要"尽可能多地与学者和智者为伍，以此获得治理国家的方法"。塞尔柱帝国时期，担任宰相长达 30 余年的尼扎姆·莫尔克在其史学著作《治国策》中写道："对事务提出咨询是判断可靠、高智商和有远见的标志……因此，一个人应当向智者、长者和有经验的人请教。"被誉为"伊斯兰文明百科全书"的《卡布斯教悔录》一书也曾指出："假若你是国王，做任何事情都应听取智者的诤谏。不论什么工作，在做之前应先同智者商讨。国王的宰相应当睿智博学。遇事不要急躁，应先找宰相研究。"上述著作都强调决策者和管理者向专家智者进行政务咨询的必要性，标志着智库在波斯的萌芽。随着人类社会的发展和现代化进程的加快，咨政的形式也在不断发生改变，统治者的顾问和智囊团逐渐成为波斯统治者的决策核心。

从古代智库的形成与发展历程中可以发现，智库以多种形式长期存在于历史之中，往往由掌握知识的专家学者组成。一旦有了政治，用于指导政治活动的知识就必不可少，而由于政治制度和社会体制的不同，知识群体在社会中的地位和影响也有所不同，起到的作用也有差异，于是在东西方各国历朝历代之间呈现出了丰富多样的知识和政治的组合形式。

第二节　智库的成长和蓬勃

一、现代智库的发展

（一）国外智库

（1）英国智库。英国是全球智库的发源地，也是智库研究的先驱。英国智库最早出现于 19 世纪初期。成立于 1831 年的皇家三军联合研究所（Royal

United Services Institute，RUSI）是最早具有智库特点的组织，主要就国防、安全和国际事务领域的关键问题开展研究，旨在维护英国国家安全和世界安全稳定。随着社会的不断发展，英国智库逐渐增多，研究领域也日益广泛。1884年，属于工党的费边社（The Fabian Society）成立，在工党日渐声势浩大的工人运动中发挥智力优势、为其弥补理论上的不足，同时以工党为载体来实现其社会主义目标，成为智库对政党施加影响的典型。

（2）美国智库。美国智库起源于20世纪初，在个人主义、自由主义、实用主义以及对政府不信任等思潮的影响下，在三权分立、两党轮流执政的联邦政治制度所创造的空间中，诞生了美国现代智库，其研究的领域和问题随着美国社会的发展而不断演变。美国现代智库最初成立于政府内部，旨在集思广益、提供智力支持、促进政治经济发展。如胡佛研究所、对外关系学会、政府研究学会等。

1928年，时任美国总统胡佛曾多次召开政策研究会议，研讨内容长期依赖对外关系委员会（Council on Foreign Relations）、国家经济研究局（National Bureau of Economic Research）、纽约基金会（Partnership of New York City）等智库机构提供。

1932年，罗斯福在参与总统竞选时邀请了一大批学者担任政策顾问，称其为"智囊团"（Brain Trust）。任职后，他又任命大批智库专家担任内阁成员，让智囊团参与实施了《银行法》《农业调整法》《产业复兴法》等15项立法新政，做出了多项重要决策。自新政实施后，美国的政府机构不断拓展，加大了对教育、科研等领域的投资，这也促进了美国现代智库机构的成长。在罗斯福执政后期，美国公共政策研究所（American Enterprise Institute for Public Policy Research）、兰德公司（The RAND Corporation）等现代智库机构纷纷成立。

二战结束后，美国政府面临着阶级矛盾、内政外交等一系列复杂问题。在此背景下，美国政府认识到知识与政治相结合的必要性和潜在效益，大批智库通过与政府签订合同开展研究，帮助政府解决现实问题。正因为政府的支持，智库为政府决策提供咨询服务的功能更加明显，政府合同型智库得到发展，政府购买服务机制逐步形成，智库逐步走向市场化。

20世纪中后期是美国的重要转折期，美国政府积极借助智库的力量寻求政策突破口，促进了美国智库的繁荣和多元化发展，美国发展成为世界上智库数量最多、质量最高、最具影响力和代表性的国家。这一时期涌现出大量不同类型的智库，其中以政治宣传型智库最为盛行，这类智库具有浓厚的意识形态和党派色彩，以游说与接近权力核心为主要手段，大力宣传其政治主张和政治思想。尤其是在政府换届前后，智库通过游说政府官员，以期对新政府施加影响，许多智库的研究报告后来直接成为美国制定国策的基本框架，如美国传统基金会出版的《领导人的职责》一度成为里根政府的工作手册。

（3）法国智库。在欧洲，法国是继英国、德国之后，又一个智库发展较为发达的国家。法国智库在战后分三个阶段发展起来，第一阶段是1945~1955年，针对战后经济发展，出现一批为企业的技术、财务、法律合同等方面提供咨询的智库；第二阶段是1955~1975年，针对企业的各种专业类型智库逐渐发展起来，并逐渐发展成为大型管理公司；第三阶段是1975年后，随着法国政党制不断完善，智库政治认知水平也有所提升，各种智库逐渐发展起来，半官方性质的政党智库应运而生，在国内外产生了较大影响，但在规模、数量、从业人数等方面与英德智库相比较弱。

20世纪80~90年代是法国政党智库发展的黄金时期，其与政府的关系密切，善于推广宣传、注重实效，在法国的政治、经济、外交、文化、国家安全、对外贸易、社会管理等方面发挥了重要作用。法国智库大多依托某种意识形态进行研究，以确保研究成果产生一定的政治影响，一方面，智库经常根据政府行政管理的需要，对各自专业领域所发生的问题进行深入研究，提出研究结论和对策思路，供决策者参考；另一方面，参与政策研究的过程及成果又促进了智库的发展，为智库提供了发挥影响力的舞台。

法国智库总体上呈现"小而精"的特点，具有灵活、前沿、开放等特征，在研究选题和人员组成上具有高度的灵活性，擅长聚焦前沿性问题，关注科技发展和世界变迁的最新动向，同时重视与政府及其他跨国企业、媒体、高校和研究机构的交流合作。法国国际关系研究所、法国国际和战略关系研究所、巴黎蒙田研究所是其中的优秀代表。

（4）日本智库。日本智库最早可追溯至20世纪初，1907年成立的满铁调查部，1919年成立的大原社会研究所（现法政大学大原社会研究所）等调查研究机构被认为是日本智库的雏形。二战后，为解决战后日本的社会问题并恢复经济实力，日本学习和引进欧美的研究方法，将一些研究机构改头换面或自发组织研究会。比如，1959年，日本首相吉田茂积极倡导与推动，仿效英国皇家国际事务研究所和美国对外关系委员会，成立了日本国际问题研究所。

20世纪60年代初至80年代上半期，日本智库得到大规模发展。受惠于经济的高速发展，号称日本第一个现代智库的野村综合研究所于1965年成立。1974年，日本国会通过了《综合研究开发机构法》。同年3月25日建立了日本综合研究开发机构，通过提供研究资金、协助研究政策等方式，为日本智库组织的形成作出了重要贡献，曾经被称为日本智库的"总管"。20世纪80年代下半期，在强势经济的支持下，日本建立了众多以金融机构或保险公司为核心的智库，比如，属于金融系统的富士综合研究所、属于保险系统的安田综合研究所等。

20世纪90年代以来，日本政府决策层逐步意识到智库，尤其是对外政策类智库的重要价值和作用，希望利用智库的优势为日本由经济大国走向政治大国提供智力支持、理论依据、科学方案以及舆论汇流。日本智库研究范围覆盖全球，以国际视野来开展信息搜集整理、综合性课题研究、经济和技术预测等行动，注重面向全球发布研究成果。

从世界范围来看，各国现代智库在19世纪末到20世纪初之间陆续出现，并在二战之后出于恢复经济、内政外交的需要，得到大规模发展。各国政府及决策机构普遍认识到知识与智力在现代治理中的重要作用，智库日益成为辅助公共政策制定、完善国家治理体系工作中不可或缺的一部分。

（二）中国智库

（1）稳步成长期。由于特定的历史原因，中国现代智库起步较晚，最早的智库型政策研究机构可以追溯到新中国成立前的延安时期，当时中央发挥知识分子的智力支撑作用，推进解放区的公共政策研究，为党的政策方针制定提供决策依据。由于当时的政策研究机构尚不成熟，其在解放区的政策决策中发挥的辅助作用还十分有限。

新中国成立后，党和政府设立了官方研究机构以推动国家工业、农业等各方面的发展，注重发挥各行业专家的智力支持作用，当时的智库机构致力于马列主义的研究和宣传，以及其他多种战略、理论和政策的研究。例如，党中央国务院直属的研究机构、国务院参事室、中国科学院，还有一些作为参政党的民主党派各自建立的智库，这些研究咨询机构通过出版或提交大量研究报告，在社会主义工业化建设以及三大改造、"一五"计划的制定以及过渡时期总路线等多项战略政策的选择和制定上发挥了重要作用。

改革开放以后，我国智库得到了真正的发展。由于历史经验总结和现代化建设以及决策科学化民主化的需要，大量知识分子进入国家政策部门甚至中央参与决策咨询，直接为国家开展理论探索、政策研究，为国家改革、发展提供智力支持，这一时期智库建设以官办为主，属于行政编制内的机构。1977年，中国社会科学院从中国科学院中独立出来，专注开展哲学与社会科学研究，并在一定程度上发挥着智库的功能。1981年开始，国务院陆续成立了一批研究中心，并在此基础上成立了国务院发展研究中心，发挥"为党中央、国务院提供政策建议和咨询意见"的职能，是最接近智库形态的官方机构。每一项涉及改革开放的重大决策，党中央都组织专家学者共同探讨研究、深入实际考察调研。1984年通过的《中共中央关于经济体制改革的决定》以及当年设立经济特区的决定，就是把政府和多位专家学者的意见紧密结合起来后，最终形成的决策和文件。

1986 年，时任国务院副总理万里在全国软科学座谈会上作了重要发言，提出决策的民主化、科学化和制度化发展，加强软科学研究，加快我国现代化建设。决策的科学化、民主化水平成为国家政治民主进程的重要标志，在这种国家决策氛围的影响下，中国官方智库得到完善加强，民间智库得到催化、破土而出。

（2）发展蓬勃期。20 世纪 90 年代，新一轮的改革开放在"南方谈话"之后启动，国民经济开始高速增长，国企改革、民企开花，驱动中国智库进入新的发展活跃期。

这一时期，中国智库的体制类型走向多元化发展，从最初集中于体制内部的政策研究机构，逐步发展出事业单位法人型智库、高校下属型智库、企业型智库和民办非企业单位法人型智库等几大类。一些原有智库机构的属性也发生了变化，有些体制内单位走上了半官方或社会化运行的道路，一批体制内的官员和学者创办了依靠市场、专注于政策分析和企业咨询的民间智库，民间智库的数量一度达到了上千家。随着国家启动"211 工程""985 工程"在高等教育领域进行重点建设、创建世界一流大学，国内重点高校下属的政策研究机构也应运而生，纷纷从海内外吸纳多种学科领域的人才，通过政策问题研究、研究成果汇报、著作文章发表等方式，在国家和社会层面积极发挥决策咨询影响，例如，北京大学的国家发展研究院、清华大学的国情研究中心等。省级社科院也逐渐发展起来，担任省级地方政府的智囊团，发挥智库作用。

在这一时期，智库的研究领域也得到了拓展，从过去针对宏观经济领域问题研究开始向其他相关领域研究延伸，包含科技以及教育、失业等现实生活领域的问题。例如，21 世纪教育研究院于 2002 年成立，它作为一家以教育公共政策研究为主的民办非营利性组织，致力于开展独立教育研究与政策倡导，借助教育界内外的民间力量共同推动中国的教育改革与发展；中国能源经济研究院于 2010 年 3 月成立，逐步发展成为服务于国家能源战略决策、统筹协调、行业管理和企业发展的能源类智库。

进入 21 世纪之后，国家经济实力快速增长，为了适应日益激烈的国际战略竞争，中国政府开始重视智库建设，致力于发挥智库的咨政建言作用，构建中国国家软实力的基石。智库作为专门从事政策研究的决策咨询机构，其角色愈发不可替代。中央多次强调智库等政策研究机构应该在政治体制和决策过程中发挥重要作用，并在国家政策和社会环境层面为智库的建设发展提供了有利条件，中国现代智库进入了战略发展的机遇期。

2004 年，中共中央发布了《关于进一步繁荣哲学社会科学的意见》，首次以中央的名义明确指出"要使哲学社会科学界成为党和政府工作的'思想库'和'智囊团'"。2005 年，中央政治局常委会听取了中国社会科学院的工作汇报，作出"要进一步办好社会科学院"的指示。党的十七大报告也指出，要鼓励社会科学界发挥思想库的作用。中国首届智库论坛于 2006 年在北京召开，并在次年于上海召开了第二届论坛，自此中国呈现出自主发展智库的新气息。

2009 年 3 月，中国国际经济交流中心经国务院批准成立，被称为中国最高级别智库，备受海内外瞩目，中心拥有高规格定位和国家级领导层阵容，致力于开展国际性经济研究、交流和咨询服务，是集中经济领域高端人才并广泛联系各方经济研究力量的综合型智库机构。同年 6 月，中央政府提出"根据国内外经济形势变化和中长期发展需要，加强储备性政策的研究，提高宏观调控的前瞻性和针对性"的要求。智库作为"储备性政策"的研究主体，受中央领导的重视程度达到了新的高度。中国现代智库在强化自身建设的同时也在不断学习西方社会智库的先进经验，以寻求更大更广的发展平台，同年 7 月，中国国际经济交流中心在北京举办了全球智库峰会，时任国务院总理温家宝会见了外方代表，标志着中国智库在国家层面的推动下发展壮大，在国际上也拥有了一定的影响力。

党的十八大以来，中央领导集体高度重视智库发展，对智库建设提出了新要求、新定位、新方向。2012年，党的十八大报告提出坚持科学决策、民主决策、依法决策，健全决策机制和程序，发挥思想库作用。2013年4月，习近平总书记对我国智库建设作出重要批示，首次提出建设"中国特色新型智库"的目标，将智库发展视为国家软实力的重要组成部分，并提升到国家战略的高度。2013年11月，十八届三中全会决议强调，加强中国特色新型智库建设，建立健全决策咨询制度。此后，开始从国家层面着手推动智库发展顶层设计与发展规划制定，加强中国特色新型智库建设，已经成为推进国家治理体系和治理能力现代化的重要组成部分。2015年1月，中央发布了《关于加强中国特色新型智库建设的意见》，指出要进一步发挥智库咨政建言、理论创新、舆论引导、社会服务和公共外交的作用，开展高端智库建设试点。同年10月，国务院发展研究中心、中国社科院、中国科学院等25家智库机构入选首批国家高端智库建设试点单位。

二、现代智库发展特征

随着全球人口数量的快速增长，政权组织、社会结构和文化形态等因素发生了较大变化，现代智库的运行和演化也进入了快速发展的轨道。同时，科学技术在近现代智库的运行、演化过程中扮演着举足轻重的角色，并促使近现代智库的基本形态、功能实现了进一步丰富和拓展。独特的时代环境造就并反映出智库的基本特征，主要体现在以下几个方面。

（一）综合化和专业化并存

智库的发展与社会发展密切相关，伴随国际形势的复杂多变，各国政府面临决策领域扩展、复杂度增加的现状，对智库的咨政建言、辅助决策功能愈发依赖。近年来，一些大型智库综合性增强，研究范围越来越广，已经从传统的内政外交领域扩展到经济、科技、教育、文化、人口、医疗、能源、环境等诸多方面。例如，连续数年排名全球第一的布鲁金斯学会，研究领域有对外政策、经济研究及政府研究，具体包括国际关系、核武器、人权、全球环境、社会政策等。

此外，与大型智库相比，一些规模较小的智库注重专业化发展，这类智库大多从自身优势出发，最大化利用现有资源，针对不同细分领域开展垂直化深入研究，或选择某些细分领域开展交叉学科研究，不断深化和拓宽研究领域，形成专业化优势，在其专业领域扮演重要角色。这一方面是由于智库出资者更趋向于特定项目，从而限制了智库政策研究的自由度，迫使一些智库将研究重点放在特定领域，无形中强化了智库的专业化程度。另一方面是由于大型智库发展较为成熟，综合化水平高，小型智库在综合研究的影响力和竞争力方面难以与之相抗衡，研究综合化问题所需的资金和难度增加，向专业化发展比向综合化发展更能增强其竞争力和影响力。

例如，英国查塔姆研究所的优势研究在国际安全领域，尤其是网络安全、国际治理与公共健康等议题，在公共政策领域，查塔姆研究所擅长预测新的国际经济议题，积极参与全球化与区域化等热点公共问题的讨论，组织贸易与投资活动，并在此基础上，提供可行的经济政策方案。国际战略研究所则根据全球区域和政策主题来进行研究项目细分，涉及武装与军事分析、网络安全、经济与能源安全、地缘经济与战略、核政策、安全与发展等议题，立足全球宏观视野，分析各国国防安全与冲突，研究政府及相关领域负责人为推动国际和平安全而做出的政策及行动，就重要军事领域的前景和冲突问题提供新的发展思路和战略构想。

对中国智库而言，大部分智库的前身是体制内的研究单位，原有机构体量较大、研究范围较为宽泛，很多智库尚未找到适合自己的咨政领域，在综合化发展与专业化发展之间难以抉择。近年来，中国政府加强对智库建设方向的引导，智库亦开始重视对其所处研究领域的长期调研跟踪与成果积累。现阶段，有部分智库定位于综合性研究，大部分智库走上了专业化发展道路，长期深耕重点领域，服务于特定领域决策部门，国家逐步完善了智库体系建设，整体咨政效率有了很大程度的提高。

（二）国际化视野和全球化发展

在全球化和信息化浪潮的影响下，智库国际化发展已经成为必然趋势，不同国家智库机构纷纷加强国际交流合作，开展全球问题研究，延揽全球智库人才，塑造智库国际影响力。智库全球化发展主要表现在以下几方面：一是研究课题的全球化，国际先进智库普遍注重全球性问题的研究，如全球气候变化、环境保护、核扩散等问题；二是研究团队的国际化，智库机构在全球范围内开设分支机构，吸纳全球优秀研究人员参与智库研究，提升国际化研究水平；三是智库间国际化交流，智库机构派遣专家学者出国访问、参加国际会议、针对跨国性课题进行合作研究等，众多智库一起形成了全球智库网络，在提高国际政策研究准确性的同时，也扩大了智库机构的国际影响力。

越来越多的美国智库开始向全球范围拓展，在各国架设分支机构，针对全球性问题开展研究，同时注重加强与国外智库的交流合作，在国际层面活跃起来。例如，美国外交关系协会在全球范围内发起了一个名为"The Council of Councils"的国际组织，旨在对全球治理和多边合作问题展开讨论，寻找针对全球共同威胁的一致认知，并致力于在成员国的政策制定过程中体现其研究成果。其成员包括澳大利亚的罗伊国际政策研究所、比利时的欧洲政策研究中心、巴西的赫图里奥·巴尔加斯基金会、中国的上海国际问题研究院、埃及的政治与战略研究中心等来自24个国家的外交政策智库。智库的全球化发展需要国际化视野、领导力和资金的支持，美国智库的全球化发展是其智库国际领先优势的体现，同时进一步促进了其国际影响力的发挥。

英国著名智库往往都具有国际化视野，极其重视国际交流合作，关注全球发展，吸纳全球智库人才，配置全球智力资源，搭建全球研究网络。例如，查塔姆研究所旨在促成和建设一个和平、包容、可持续的社会，每年针对全球、区域和国家特定的挑战与机遇、焦点与热点问题召开数百场圆桌会议和闭门会议、论坛和峰会，召集全球顶尖研究机构专家和各国领导人就各类国际性事务进行分析，通过项目合作的形式与全球政界、商界、学术界、媒体等上百家机构建立密切合作。皇家三军防务研究所与来自全球包括政府部门、非政府组织、多边机构、军事部队、学术界、私营机构在内的各界组织形成合作，研究项目覆盖了欧洲、非洲、美洲、中南亚、中东、北非及环太平洋区域，并在布鲁塞尔、日本和内罗毕均设有分支机构。

中国智库在全球化发展上略显弱势，参与全球性议程的能力比较欠缺，中国智库在参与国际事务和国际重大问题的研究方面话语权较小，导致中国在全球政治经济社会诸多问题上难以与国际智库匹敌。近年来，中国智库积极扩大国际交流、履职民间外交，坚持开门办智库、促进各国智库间的合作。在 2009 年被称为中国最高级别智库的中国国际经济交流中心成立后，连续多次举办"全球智库峰会"，邀请各国政要、学者、诺贝尔经济学奖得主、国际组织的代表和国际重要智库的代表参加，就全球热点经济问题进行讨论，在解析和预测全球经济政策上发挥了重要作用，中国智库的国际影响也日益提升。此外，中国智库在全球性问题研究及区域经济合作议题研究上也取得了较大进展，中国智库学者参与国际规则制定，并在全球突出性问题研究上取得一定成果，引起国际广泛关注，中国智库的国际地位迅速提高，争取到更多的国际话语权。

（三）科技化发展和网络化传播

在科技革命和工业技术革命的影响下，现代科学技术正逐渐渗透进人类的思想、工作、生活等方方面面。信息通信技术、网络技术、计算机技术的快速发展对智库的日常运作和功能发挥产生了重大影响。知识思想的生产为科学技术的发展打下了坚实基础，科学技术的发展又日益丰富和转变着人类的思维认知，并进一步丰富着智库研究的工具和方法。科学技术的进步极大地提升了智库在数据收集、分析、处理等方面的工作效率，使智库工作方式发生了根本性变革；互联网加速了政策建议的传播，实现了信息资源产品共享，成为智库发挥其功能作用的重要平台。

目前，全球知名智库都开设有自己的网站，一方面用于自身成果、影响力宣传，另一方面则用于数据搜集和统计。智库机构通过发布研究报告、设立博客播客、开设网络研讨会等多种方式，在网络平台上及时分析评论政策问题，影响公共政策的社会氛围，对社会思潮的形成和发展进行引导，并让公众有机会加入研究议题的讨论。

（四）组织规模化和管理规范化

经过长期的发展，智库的组织形态方面发生了巨大变化，实现了由单独个人向群体组织的跨越。为满足不同区域的社会发展、区域协调事务处理，一些国家的地方政府和社会组织纷纷在辖区内建立自己的智库机构组织，呈现出多种智库组织的规模化和层次化发展趋势。现代智库内部组织结构并非松散无序的，而是更趋复杂、系统、合理，以更好地适应实际工作和研究需要。

美国各级政府非常重视专家咨询与基层智库建设，联邦政府、各州政府、较大的市政府和县政府都设有专门的政策分析和支撑机构，就社会问题处理、公共关系协调和公共政策制定，向公众和政府提供咨询服务。中国大部分的省、市、区、地级市和县级政府都设有自己的党校、行政学院，一些省市还有自己的社会科学院和科学院，一些政府机构还设有自己的信息中心。党校、行政学院、社科院已成为我国各级党委政府实现决策科学化、民主化的重要支撑机构，为各层次领域的发展提供知识思想产品。

当今世界各知名智库都具有严密、系统、合理的内部组织架构，分为行政、研究、市场等多个部门，以提升自身的市场竞争力和社会影响力。例如，美国知名智库兰德公司内部的研究业务系统分为 11 个研究部，行政管理系统分为 6 个办公室，而研究人员的管理又划分为 6 个学部，通过业务和行政两条渠道来共同管理全公司内部上千名员工，同时根据业务研究需求，智库的部门设置更为复杂，人员年龄结构和专业领域日趋合理。英国著名智库的组织化程度较高，理事会为智库的发展方向掌舵，各委员会各司其职，确保智库内部的高效运行与权力平衡。比如，查塔姆研究所设有三位主席，分别来自议会的三大主要政党，以确保独立于政府，理事会成员由研究所成员以无记名投票方式选举产生，任期三年，理事会下设行政委员会、财政委员会与投资委员会。

（五）重视决策研究人才培养

人才是决定智库生存与发展的关键资源，智库也是培养未来政策研究人才和决策者的沃土，现代智库大多具有一套相对完整的人才管理机制，进行人才引进、培训、运用与考核管理。国内外优秀智库通过设置严格的准入条件与高素质的人才要求，保证智库人才质量，人才构成主要包括专家学者、学术精英、优秀高校毕业生、前政府履职人员等。大多数智库在新员工入职后，明确要求其参加专业培训，并注重人才储备和研究梯队培养，通过轮岗培训、外派研修、挂职锻炼等方式，强化研究人员的政策研究及实践能力，使其掌握政策实际运行流程，为进一步从事智库咨政研究打下基础。

美国智库有一项特殊的人才交换通道，通过"旋转门"机制实现政府部门与智库机构之间的人才流转，一方面，智库精英进入政府机构任职，由研究者变为决策者；另一方面，许多卸任官员到智库从事政策研究，由决策者变为研究者。这一重要机制的产生与美国的政治制度有一定关联：两党通过竞选而轮流执政，一个政党执政后，很多前任政府官员会被更换，一些官员会到智库进行研究活动，以待东山再起，而很多智库学者也会加入新的政府，成为政策的直接制定者。具有丰富经验的卸任官员进入智库，为智库带去了庞大的人脉资源，强化了智库研究的实效性，这也是美国智库具有重要政策影响力的原因之一。

例如，美国布鲁金斯学会近 300 名研究员中，有近一半的人具有政府工作背景，担任过驻外大使的就有 6 位之多。前任布鲁金斯学会会长斯特普·塔尔博特（Strobe Talbott）曾担任克林顿政府副国务卿。有些政府总统或高官卸任后建立了自己的智库，如胡佛总统卸任后建立胡佛研究所，卡特总统卸任后建立卡特中心。智库也是政府官员的人才输送基地和"蓄水池"。据统计，美国智库共有2万多名研究学者和管理人员，聚集了政府所需的各领域、各类型人才，而智库人才进入政府和国会，无疑成为该智库影响力的延续。由智库研究人员成功转型为政府官员的有基辛格、布热津斯基等。基辛格在外交关系协会效力多年后出任尼克松的国家安全事务助理，布热津斯基从国际战略研究所进入卡特政府。

日本智库为了加快培养和储备年轻人才，设置了内部定期轮岗机制与外派研修制度，使年轻研究人才在智库内部与外部实现充分的锻炼。视情况将研究人员派往政府、高校、企业及其他相关机构工作，促进智库与决策部门之间的衔接互动以及智库之间的交流合作，促使年轻人才掌握政策制定部门的运作机制、决策流程以及政策执行所面临的现实问题。例如，日本国际事务所会定期派遣研究人员前往政府、高校、企业等机构进行研究锻炼，1~3年期满后返回。此外，日本智库也利用"旋转门"等方式吸纳各领域的高素质人才。

在英国，智库研究人员是受人尊敬、工作体面、收入充盈、社会地位较高的人士。英国智库的资深研究人员大部分是通才，往往具有多门专业知识和丰富的实践经验。查塔姆研究所在人员选聘和人才招募上，将重点放在研究人员的研究能力和筹资能力两方面，新进人员必须经过三轮面试方可上岗，学会每年对研究人员进行两次考核，对其项目能力、沟通能力和创新能力等进行全方位考察评估，根据考核结果进行工资和级别调整。伦敦政治经济学院外交与国际战略研究中心通过吸收优秀学者和研究人员、访问学者扩充研究队伍。此外，在英国智库中，人员结构配置合理，每位资深研究人员都配有学术秘书和行政秘书，使其能集中精力开展研究，免于杂事的干扰。同时，英国智库的人员流动也十分频繁，可进可出且相对灵活的用人制度，确保了英国智库"用能人而不用闲人"，也激发了英国智库从业人员特别是年轻从业者的主观能动性。

三、现代智库总体发展情况

詹姆斯·麦甘在宾夕法尼亚大学主持的"智库与公民社会项目"（Think

Tanks and Civil Societies Program，TTCSP）对全球范围内的智库机构进行考察并建立了全面的数据库，持续关注各国智库在政府与社会事务中所做的重要贡献，对智库在全球兴起这一趋势提出深刻见解，在全球智库范围内具有广泛影响。2021 年 1 月 28 日，《全球智库报告 2020》（2020 Global Go To Think Tank Index Report）发布，覆盖全球 11175 家智库，包括政府附属单位智库、政党智库、大学智库、媒体智库、社会智库、独立智库等多种类型智库。

从地区来看，2020 年亚洲地区共有 3389 家智库，占全球智库总数的 30.3%，超过欧洲成为智库数量最多的区域；欧洲地区和北美洲地区的智库数量相比去年有所增加，分别为 2932 家（26.2%）和 2397 家（21.4%）；中南美洲地区、撒哈拉以南的非洲地区、中东和北非地区的智库数量较去年略有增长，分别为 1179 家（10.6%）、679 家（6.1%）以及 599 家（5.4%）。

从国别来看，美国仍是全球拥有智库机构最多的国家，中国、印度分列第二、第三之位，2019 年未在前十之列的韩国和越南，取代意大利、俄罗斯，进入 2020 年全球智库国家榜单，分居第五、第十之位。

表 1-1　　　　　　　　2020 年全球智库国家榜单 TOP10

排名	国家	智库数量
1	美国	2203
2	中国	1413
3	印度	612
4	英国	515
5	韩国	412
6	法国	275
7	德国	266
8	阿根廷	262
9	巴西	190
10	越南	180

从全球智库综合发展情况来看，2020 年共有 174 家智库入围全球顶级智库

综合榜单。相较 2019 年，美国卡内基国际和平基金会和比利时布鲁盖尔研究保持在了第一位和第二位，日本国际问题研究所是综合榜单 TOP10 中唯一的亚洲智库，亦被评为"2020 年度最佳智库"。

表 1-2　　　　　　　　　2020 年全球顶级智库综合榜单 TOP10

序号	智库名称	国家
卓越智库 *	布鲁金斯学会	美国
1	卡内基国际和平基金会	美国
2	布鲁盖尔研究所	比利时
3	热图里奥·瓦加斯基金会	巴西
4	国际战略研究中心	美国
5	国际关系研究所	法国
6	皇家国际事务研究所	英国
7	兰德公司	美国
8	日本国际问题研究所	日本
9	彼得森国际经济研究所	美国
10	伍德罗·威尔逊国际学者中心	美国

*：在智库与公民社会项目（TTCSP）的全球智库各类排名中，任何连续三年被评为该类别顶尖智库（TOP1）的机构都被视为"卓越智库"，在未来三年内其将不会被列入该类别的排名。

全球智库的研究领域范围极其广泛，在众多方面取得了特殊成就。涉及的领域覆盖国际发展政策研究、国防和国家安全研究、外交政策与国际事务研究、经济政策研究、社会政策研究、科技政策研究、教育政策研究、能源与资源政策研究、环境政策研究、健康政策研究、食品安全研究等，在区域研究、多方机制性合作、对外关系及公共参与、管理领域、创意或模式创新、互联网应用、影响公共政策、人工智能政策等方面均有广泛影响。

2023 年 10 月，全球咨询公司 OTT（On Think Tanks）基于开放智库名录数据（Open Think Tank Directory）和全球智库调查结果，发布《智库行业现状报告 2023》（Think Tank State of the Sector 2023），全面分析了全球智库行业的发展现状与趋势，并详细介绍了智库行业增长预测、政治和资金环境的变化、媒体自由和法律环境的变化、智库面临的挑战，以及智库运营环境变化等内容。

2023 年全球智库增长计划保持稳定并呈现积极趋势，调查结果显示，近半数智库计划增加人员规模（49%），另有半数智库计划保持不变（48%），只有极少数智库计划缩减人员规模（2%）。其中，美国及加拿大智库发展计划最为积极，有 60% 受访智库计划增加人员规模；南欧及东欧地区智库发展计划相对保守，有 67% 受访智库计划保持现有规模不变。

全球智库发展可以分为主动发展和被动发展两类。其中，主动发展需求主要受到智库发展战略及新项目前景驱动，智库希望通过提高效率、结成联盟、增加员工数量，以增强智库能力水平、提高知名度和可信度、确保新项目拓展并与新的利益相关者接触；而被动发展需求主要来自现有员工人数无法满足当前工作量的情况。资金和地缘政治因素的不确定性，使许多智库对扩大规模持谨慎态度；同时，以南欧和东欧地区为代表的部分智库机构表示，目前的团队规模足以开展活动，并强调在开始进一步扩张之前巩固近期增长的重要性。

近些年，全球智库普遍关注到外部环境因素对其自身发展的影响。具体而言，财务问题和资金筹措仍然是智库面临的最大挑战（54%），其次是智库治理和人力资源管理问题（46%），受访智库还提到了智库面临的政治不确定性以及对智库不友好的压制性和限制性政治环境等挑战（19%），亦有小部分受访智库提及政府对证据的使用和决策过程（12%），以及国内经济困难（9%）对智库的影响。

全球智库未来将在人力资源管理（22%）、沟通能力（22%）、战略规划（20%）、财务与筹资（19%）、合作网络建立（18%）、研究能力（18%）、管理与领导（14%）七项关键能力上进行投资和努力，以应对所面临的环境和挑战。调查结果显示，受访智库强调需要加强自身人力资源职能，特别是在招聘和留住智库人才方面，同时要加强中高级管理规划人员、业务开发人员、研究人员、宣传人员等的专业知识水平。受访智库同样强调沟通能力对于实现其目标的重要性，提出需要制定智库观点传播和营销战略、加强数字和社交媒体传播、提高内容的易获取性以及公众影响力。战略规划能力也是智库关键能力之一，受访智库优先考虑提升其战略思维和规划、提高决策和解决问题的技能，以及面对不断变化的适应能力。财务与筹资已被视为一项关键挑战，也是智库需要努力提高的关键能力。建立合作网络和战略伙伴关系也是智库优先发展的能力之一，加强与政府官员、政党和其他利益相关者的接触，以及促进信任和对循证思想的认识，以增强智库影响力、发挥智库作用。

全球政治、经济等多方面的挑战加剧了智库发展运作难度，对全球智库能力建设提出了新的考验，受访智库披露的风险因素及优先发展事项多种多样，虽然有些能力需要得到普遍关注，如合作网络、人力资源和沟通能力，但其他能力则因当地环境、组织的研究重点或组织参与解决的问题而表现出地区差异，需要智库结合自身特点量身定制发展战略，增强自身发展适应性，从而有效实现智库研究、宣传和发展目标。

第三节　智库的愿景和期望

一、中国智库发展愿景

决策科学化、民主化、法治化已成为中国国家治理现代化的重要内容，现代化的国家治理意味着需要转变传统的自上而下的单向政府管理理念，充分发挥社会多元主体广泛参与治理的作用。治理不仅仅局限于政府，还应包括政府之外的行政主体，如社会团体、企业、个人等都可以参与到国家、区域、行业等的治理中。智库作为一种以影响科学决策为目的、专门从事公共政策研究的机构，应以其宽阔视野、高度专业化和对复杂问题的建构能力，以智力资源积极辅助政府、企业等主体的治理工作，为决策质量和效能的提升提供重要支撑，并对国际、国家、社会、行业产生影响。

智库应提升咨政能力，深化专业研究，强化职能对接与决策咨询实效。当今世界各国的竞争不再局限于自然资源和地理位置的竞争，还增加了文化、理念、软实力的竞争。智库作为生产思想、概念、政策和决策的特殊组织，必将成为国家之间、企业之间竞争的主体。智库应把握其在站位、层次、标准上的较高水平，聚焦新时代下中国全面深化改革所面临的战略全局问题和推动经济社会高质量发展的紧要问题，发挥智库在咨政建言、理论创新、政策研究、舆论引领、公共外交等方面的先锋示范作用。智库应建立与领域内核心决策部门的职能对接，对其所属的研究领域开展长期调研，积累咨政经验与基础信息储备，持续提升高水平政策研究能力，强化其决策辅助、政策评估、趋势研判等职能。智库还要不断拓展联合共研机制，组建不同领域、不同类型、不同规模、不同建设主体之间的智库协作网络，促进智库之间优势互补、发挥智库协同效应。

智库应拓宽成果传播通道，引导行业认知与社会舆论，提高智库研究成果影响力。智库为影响政策而生，智库不仅可以作为专家直接影响决策，还可以影响媒体等传播工具进一步影响决策。成果传播能力是智库发挥作用的重要环节，也是衡量智库影响力的重要体现，影响力是智库活动的结果，体现了知识交流在公共决策中的重要性，包括政策影响力、学术影响力和社会影响力等。中国智库应该学习国际先进智库经验，尊重和适应现代社会思想产品生产的规律，并利用媒体和网络等多种宣传平台提升自身影响力。进一步拓宽智库传播通道，提升智库成果传播能力，通过自身对信息和知识的掌握帮助政府制定更好的政策、促进行业形成特定领域发展的统一认知、引导社会舆论的发展。

智库应具有国际化研究视野，深化对外交流合作，提高国际议题话语权。如果说智库的研究能力专业与否决定了其研究深度，那么智库的研究视野广阔与否则决定了其发展广度。智库的发展受到来自国际社会、国家发展、行业变革等多方面的影响，智库若想要获得长久的发展，就不能局限于眼前问题，应该用发展的眼光关注全球前沿热点问题、着重解决影响深远的难点问题。在全球化格局发生深刻变革和我国寻求国家崛起和民族复兴的今天，未来智库发展不应只局限于塑造国内学术影响力，还应注重智库研究成果的国际传播和国际话语权的建立。智库应该积极参与新时代全球治理体系研究与新型大国关系构建，融入新时代中国特色大国外交体系，凝聚全球发展思想共识，为世界发展提供更多"中国智慧""中国方案"，拓展中国思想的国际话语权。与此同时，智库还应促进全球人才交流合作，将智库发展为国际人才交流平台，开展跨国研究、进行国际项目合作、设置国际专家岗位等，吸纳国际顶尖智库专家参与我国智库研究工作，选派国内优秀智库人员进入国际智库机构及发展合作组织锻炼和深造，促进智库研究领域及方法的共享，在研究合作中持续增进国家互信与发展共识。

二、中国智库建设方向

建设中国特色新型智库是参与全球竞争、争夺国际话语权、增强国际学术影响力的需要，也是中国在国际环境不确定性与日俱增的情况下做好战略决策的内在需求。要推进我国治理体系治理能力现代化，必须建设符合当代社会决策发展要求的智库。

在专业能力方面，智库应审时度势聚焦大局大事，夯实前瞻性、战略性、综合性的研究水平。坚持有效服务政府科学决策的高标准定位，从决策需求出发，以现实问题为导向，不但要在即时性重大问题上辅助政府决策，还要善于捕捉重大趋势性问题并开展前瞻研究，成为真正的战略性决策智囊机构、战术性政策措施设计机构。

在研究模式方面，智库应该从传统的单一学科、单一环节的学术研究为主，向多学科全链条的辅助决策模式转变。在研究模式上实现三大突破：从单一学科孤岛式研究，向多学科智库团队集智攻关转变；从直接提供科研学术成果，向经由决策经验丰富人员的二次加工转化转变；以及从某个环节的断点式研究，向包括决策制定、执行、反馈多阶段全链条的长期研究模式转变。

在运行机制方面，智库应实现灵活高效的现代化治理运行，积极推进智库研究决策成果转化推广。充分运用信息技术构建大数据智库决策支持平台，使智库成为提升政府科学决策并推动决策现代化的有力保障。

在人才队伍方面，智库应从选人、育人、留人等方面打造精英团队。智库人才既要有扎实的专业知识和开阔的视野，又要对国情有充分了解和丰富的实践经验；智库可以通过建立相应的人才培育与交流机制等，推动智库人员到政府、企业和其他社会组织任职，加强优秀人才的流动学习，并进一步畅通渠道，吸纳社会优秀人才；关注智力人才的个人发展需求，给予其合适的激励奖励，不断激发人才的创造力。

在体系建设方面，智库应根据国家智库体系的建设需求，明确自身主体机构的发展定位，因需制宜地进行组织机制设计。实现我国智库体系的多样化设计与发展，形成多元化、多样化、多层次的智库体系，更多地体现智库的独立性和鲜明特色，在国际舞台上更好地发出中国声音、维护国家权益。

在生态建设方面，智库应协调好多元主体参与决策的交互关系，不断加强与内部相关单位、部门的协作，广泛建立与外部主体机构的合作关系。深入社会实践，关注社情民情，解读回应国家、社会、行业的关切问题，将关键信息上达视听，充分发挥好政府与社会交互的连接作用。

从研究到实践：

企业智库建设之路

第二章 | 智库的内涵和评估

第一节　智库的定义内涵

智库是从西方文化中引入的概念，由英语的"think tank"翻译而来，亦作"思想库""脑库""智囊团"等，另外也有许多智库以"学会""协会""研究所""研讨会""基金会"等命名，作为集合人类知识、思想、智慧的组织机构，在近些年得到现代哲学社会科学领域的广泛关注。中文体系中有"智囊""参谋""幕府"等与"智库"具有相似含义，这种由众多能人志士组成的为国家君主、统治者、领导等提供国家治理与军事外交等领域的参考意见或对策战略的组织形式，亦在我国古代社会中发挥了重要作用。

一、国外研究

由于各国国情和学术研究方向存在差异，各国专家学者对智库概念的界定也存在一定分歧。

部分学者强调智库作为一种组织的社会职能，认为智库的首要目标是影响公共政策。如美国智库学者保罗·迪克逊认为"智库是一种稳定的、相对独立的政策研究机构，其研究人员运用科学的研究方法对广泛的社会问题及政策问题进行跨学科领域的研究，在政府、企业及大众密切相关的政策问题上提出意见"。英国智库学者詹姆士认为"智库是从事力图影响公共政策和公共关系等多学科研究的独立组织"。

一些学者把智库定义为社会制度安排中的一部分。彼得·凯莱认为"智库是一种组织的安排，企业部门、政府机构以及富人把数以百万的经费交给组织的研究人员来完成课题研究，最后研究者与机构将研究成果以研究报告或专著的形式向公众公开或不公开发表"。

还有学者从智库机构的运作特征来定义智库，如迈克甘认为"智库是独立于政府、社会利益集团如公司、利益团体以及政党等主体的具有相对自治性的政策研究组织"。斯通认为"智库是指那些独立于政府、政党和利益集团，并从事公共政策问题分析的非营利组织"。里奇把智库定义为"那些独立的、不以利益为取向的非营利组织，通过生产专业知识和思想观念来获得支持并影响政策制定过程"。强调非营利性的学者还有哈姆斯和费塞，他们将智库定义为"稳定的、自治的非营利性公共政策研究机构"。

通过对国外智库学者对智库概念的界定，可以梳理出以下观点共识：一是强调智库的"独立性"，二是强调智库的"非营利性"，三是强调智库以（公共）政策为研究对象，四是强调智库以影响政策为目的。

国外的百科、词典等通过对现代智库的特征进行总结梳理，形成了较为明确的智库定义：维基百科定义智库是对政治、商业或军事政策进行调查、分析研究与研发策略，并致力于将学术研究与策略影响落实为政府政策的机构，一般由政府、政党或商业公司出资组建；美国传统词典和韦氏词典将智库定义为，对社会政策、政治政策、经济或科技问题、工业或商业政策以及军事安全等领域进行研究并提供信息、想法和建议的某个组织、机构、公司、团体。

二、国内研究

目前，中国智库发展方兴未艾，国内学者对智库的定义不尽相同，但大体上都是从智库的研究对象、研究目的、机构特征出发。

薛澜、朱旭峰在对国外智库定义分析的基础上提出，智库是一种相对稳定且独立运作的政策研究和咨询机构，需要从本体（政策研究机构）、目标（影响政策制定）、地位（独立性）、状态（稳定性）四方面进行界定，才能将智库的内涵表达清楚。

有的学者进一步强调了智库为社会公众服务的非营利性特征。王莉丽认为，智库是指从事公共政策研究的非营利组织，其目标客户是政策制定者和社会大众，智库力图通过各种传播渠道影响公共政策的制定和社会舆论。陈卓武等学者认为，智库主要是指那些以政策研究为核心，以影响政府公共政策选择为目的，非营利的独立机构。张新霞认为，智库是以从事多学科研究为依托，以对公共政策施加影响为目的，以提供思想支持为基本方式的非营利性组织、团体和机构。

还有的学者强调了智库的政治体制独立性。承婧认为，智库相对稳定并独立于政治体制之外，是政策决策过程的重要参与者，是一种以政策研究为中心，以直接或者间接服务社会为目的的非营利性独立研究机构。刘波认为，智库这一术语是用来指那些政府之外的、充满意识形态色彩的、主张自由市场的机构，这些机构的主要职能是为政府决策提供思想支持。

2015 年 1 月，中共中央办公厅、国务院办公厅联合发布《关于加强中国特色新型智库建设的意见》，明确提出了中国特色新型智库是以战略问题和公共政策为主要研究对象、以服务党和政府科学民主依法决策为宗旨的非营利性研究咨询机构，应当具备以下基本标准：一是遵守国家法律法规、相对稳定、运作规范的实体性研究机构；二是特色鲜明、长期关注的决策咨询研究领域及其研究成果；三是具有一定影响的专业代表性人物和专职研究人员；四是有保障、可持续的资金来源；五是多层次的学术交流平台和成果转化渠道；六是功能完备的信息采集分析系统；七是健全的治理结构及组织章程；八是开展国际合作交流的良好条件等。

三、智库的本质

智库的本质是指智库本身所具有的能够决定其组织结构、性质、功能、形态等的内在属性，可以从智库的组织形式、行为目标、作用机理、作用过程来呈现。

（1）智库的组织形式。智库是一个政策研究型组织机构，由不同专业领域的专家、学者、研究人员组成，开展专业领域研究业务，将知识、思想、政策建议等内容以智力产品或咨询意见的形式提供给客户的群体组织。从功能形态上辨识，智库是思想观点、专业知识的生产机构，是提供决策咨询的服务机构、是开展政策制定的辅助机构。

（2）智库的行为目标。智库的一切行为皆出于辅助客户解决困难并影响客户决策的目的，将其掌握的知识、思想、观点加工梳理，以咨询服务或智力产品的形式呈现，提供可供客户选择的方案。从业务导向出发，智库是以解决与政府、企业及社会公众密切相关的特定公共政策问题为导向，致力于通过多种方式对公共政策、公共关系、公共事务、社会舆论产生影响，以达到影响决策的核心目的。

（3）智库的作用机理。知识是人类在对世界的摸索和实践中形成的关键成果，即在客观世界和人类社会掌握的经验、事实、技能、信息等认知结果，是智库发挥作用的核心武器。智库运作的本质就是知识经过加工应用的环节在不同主体间实现循环流转的过程。知识在智库进行生产加工，并在服务对象那里实现循环应用，知识生产往复的这一过程受到时代环境、供求关系、社会特征等多重因素制约，政权组织形式、政治文化环境、社会问题类型、知识机构存续等都会对其产生影响。

（4）智库的作用过程。智库处理社会现实问题并提出相应的政策建议，本质上是人脑思维与知识处理过程相对接，将思维认知作用于问题并将知识转化为政策的过程。智库针对特定社会问题，应用相关学科领域知识，辅以多种研究分析方法和工具，形成新的知识思想成果，提供问题的多种解决方案，影响政策措施的形成。

第二节　智库的功能价值

智库对政府决策和社会舆论的影响巨大，成为现代国家决策链条上不可缺少的重要一环，有些学者甚至把智库称作是继立法、行政、司法、媒体之外的第五种权力。智库通过发布研究成果，影响政府决策，引导社会思潮，形成公众广泛参与决策的社会氛围。

一、智库的功能

一般来说，智库具有以下几种功能价值，各个智库均在不同程度上发挥着其中全部或部分功能：

（1）产出思想成果。智库最主要、最传统的功能就是产生专业知识和思想，根据现实情况和服务对象的实际需要，提出独立客观的决策方案、对策建议或政策举措等。美国学者肯特·韦弗认为，提出政策理念是智库的基本任务。英国学者威廉·华莱士也指出，智库在政策问题上发挥着举足轻重的作用。智库一方面与政府紧密联系，为政府解决施政难题、应对来自社会各方面的政策压力，发挥着重要作用：一是收集并区分具有政策重要性的信息，进行细致入微的研究，为其他人提供可以使用的新闻报告和文件；二是结合社会科学、法律、历史学、数学等学科的研究途径，应用于对政府关心的问题的探讨；三是关注政策背后的思想和概念，考察或质疑影响日常政策制定的社会公众看法；四是采用比政策制定者更为长期的视角，关注趋势而非即时的事件。另一方面，智库在一定程度上与政府保持距离，也与当下的党派政治辩论保持距离，注意保持自身客观性和独立性。

（2）引导公众舆论。除了为政府直接提供政策思想，智库的另一个重要功能是通过间接的方式引导公众舆论，形成一种政治氛围，以取得认同。这一功能在国外智库中体现得较为明显。智库作为解决方案提供者，列举可行的政策并进行优选，推进共识达成；在利益集团斗争中保持超然地位，以中立身份促成政策对话并引领讨论。智库致力于向公众传播信息和主张，通过出版物、各种会议和讨论，比政府和学术界覆盖更广大更多样的人群。如果将决策层、智库、公众自上而下排列，智库引导舆论的方式既包括"自上而下"地将政府、党派、利益集团的政治思想通过多种方式传播到公众当中以获得公众的支持，又包括"自下而上"地将自己的研究成果和思想观点向公众传播，通过影响公众形成舆论压力，从而影响政策决策。

（3）汇聚公共人才。智库是人才成长的沃土，培养并储备了大量的公共政策研究人才，同时以多种形式推动人才流动，发挥着汇聚公共人才的重要功能。专家、学者、专业研究人员等是智库知识思想生产加工的源泉，也是智库在其他多个领域发挥自身价值、塑造社会影响力的重要载体，可以说人才是决定智库生存与发展的最关键因素。智库作为智力主导型研究机构、思想的生产和传播机构，其人才汇聚效应不言而喻，智库通过自身社会影响力为高层次智力人才搭建研究平台，广泛吸纳社会各领域的专家学者和优秀人才，其中不乏前政府要员、社会精英等。同时，智库也通过项目研究、专业培训、合作交流等形式提高内部研究人员的专业水平，发挥人才储备和输送的功能；面向国内外专家学者、政府官员提供学习进修的机会，并通过研究成果的传播扩散，发挥影响外部专业人士、启迪教育社会公众的功能。

（4）搭建交流平台。智库通过学术研究与应用实践相结合，搭建了知识、政治、文化和经济交流共享的平台。智库日常开展的基础学术知识、思想理论研究往往基于多种学科领域的研究，覆盖政治、经济、社会、科技、文化、外交等多个领域，因此智库发挥着多学科领域专家合作交流平台的功能价值，专家学者在智库创造的平台上实现知识、思想、观点的碰撞交流，进一步拓展认知领域、创造思想成果。智库以旋转门、挂职等形式实现了与政府的人才交换，在一定程度上反映了知识与政治间的对接交流，创造了知识、政治和思想文化相互转换的理论共享平台。

随着全球化发展趋势的加快，国与国之间的联系越来越密切，智库也逐渐成为国内国际全球化相关问题的研究交流平台。很多智库会不定期地针对一些重要的全球性问题举行国际交流研讨会，为公众、智库专家、政府官员之间搭起沟通的平台，不同国别、不同文化和不同信仰的学者针对某一问题共同合作，形成新的观点成果。智库通过网络在线、实体出版物、媒体报道等形式，对国内外政策和全球问题发表解读和评论，既能够加深公众对政策问题的理解，又为公众发表意见提供了渠道。这些国际交流平台的建立以及相关活动的开展，进一步促进了世界城市的建设。

二、智库的价值

（1）理论价值。智库发挥作用主要基于对不同专业领域学科知识的融会贯通，其研究工作本身也是一种学术研究和知识理论拓展，不仅仅是已有知识、思想、方法的简单组合，而是集合多学科、多领域的人才运用新方法、新思路，对当前制度环境下的已有知识结构、社会结构、关系结构进行新认识、新探索，形成新成果或衍生出新问题。智库以研究报告、论文专著、提案议案等形式发布其研究成果，同时在工作中还可能创造出新的研究方法、思想理论、观点结论，这是一种理论的创新，既包括对原有政策过程和制度选择的创新研究，也可以是对理论、方法的根本性变革，产生新的概念网络和研究集合，形成新的智库研究理论观和方法论。

（2）实践价值。智库功能的发挥主要通过其使用价值来呈现，智库研究成果的应用是实现智库价值的重要载体。智库具有其特定的应用市场和服务目标，包括政府、区域组织、社会团体、企业、个人等，智库面向这些服务目标发挥其实践价值，以国家内政外交方针策略、重点领域难题解决方案、基层社会事务处理办法等作为载体呈现。智库聚焦于影响经济社会发展、全球生态气候、能源环境安全、移民政策、反恐等影响国际社会发展的重要议题，制定相应的政策措施，从基础学术型研究向市场应用型研究进一步拓展，在世界、国家和个人层面发挥重要实践价值。

（3）社会价值。在时代迅速发展、风云变幻的当今社会，智库的价值在于其能够适应现实需求、把握时代脉搏，为人类社会生产提供新思路、新方法、新知识、新思想。智库能够利用自身生态网络优势和社会资本积累，发挥自身功能，切实解决人类社会发展所面临的紧要问题、满足社会发展的基本需求；能够从公共政策的制定和公共关系的处理中寻找突破口、提供新思路，提供具有现实意义的政策研究、决策咨询服务和对策方案；帮助国际社会与各国政府解决内政外交、经济社会发展等诸多难题，为政府决策的科学化、民主化提供保障。

第三节　智库的工作方式

一、智库的决策思维方式

人类决策思维方式的变迁促成了智库参与决策的社会观念形成，过去社会发展缓慢、社会内部关系简单、国家间采用武力解决问题多于文化智力交流，统治阶级内部便能够完成公共政策的制定和公共关系的处理；随着社会的加速发展、社会内部关系日趋复杂、国家间趋于开展和平的内政外交政策，统治阶级开始寻求外部智力的帮助。

知识成为参与决策、形成决策思维模式的基本要素，智库在决策支持领域可以克服信息不对称和知识盲区等制约因素。智库利用自身的专业知识、信息和时间，对知识进行整合、生产、加工、应用，服务于政权统治者或组织决策者，从最初存在于权力机构内部逐渐向独立于权力机构的外部结构转移，成为了专门从事知识的获取和应用、生产知识和思想、服务决策和政策制定的研究机构，提升了专业事务处理效率、减少了决策过程的信息盲点、促进了决策过程及结果的科学化和民主化。

二、智库影响决策的方式

国内外智库参与并影响政府决策过程的主要方式有以下几种：

（1）输出智库内参。智库会以内部参考资料等形式将研究成果递送给相关决策者，涉及的内容一般是政治、经济、文化和社会生活中的重大议题和涉及党和国家政府方针政策的相关问题等。智库内参是目前智库主动且直接有效参与政府决策过程的一种较为普遍存在的方式，也是非常具有中国特色的一种方式。

（2）直接参与政府政策的制定。中央或地方政府有时会邀请一些智库直接参与政府方针政策的撰写，这是智库影响政府决策最直接有效的方式，但是在我国能直接参与政府决策制定的智库数量十分有限。

（3）承担政府委托的课题。政府经常会设置一些课题招标，例如我国每年的社会科学基金招标，很多智库会根据自己的研究领域和实力竞标这些课题。竞标成功后智库在政府规定的时间内将研究报告或论文等成果提交给相关政府部门，这也是智库参与和影响政府决策的一种方式。

（4）举办各种会议和论坛。大多数智库每年都会举行各式各样的研讨会、学术会议和论坛等，邀请相关的专家学者，甚至政府领导参会。这种会议一般开放性较强，专家们在会上可以畅所欲言。智库通过这样的方式在会上影响决策者的观点，或者在会后将各种发言者的观点和建议汇集成会议观点综述或主题报告等文件向有关单位递送，从而影响决策。

（5）在政府座谈会、培训会上发表观点。很多政府会在作出重大决策前举办座谈会，邀请专家学者发表观点；也经常举办培训会，邀请专家学者为政府官员授课。智库专家就可利用这些机会向政府领导传播自己的理念。

（6）通过媒体宣传自己的观点。很多智库会通过媒体来扩大自己的影响力，例如参加一些媒体的访谈、在各类报刊上发表文章、召开发布会等。智库通过这些方式扩大知名度，影响社会舆论，从而影响政府决策。

（7）公开出版研究成果。大多智库都会公开出版一些图书、专著和论文等成果，智库的专家学者会将自己的观点和建议等在其出版的成果中体现，以此来扩大自己在智库界和决策者间的影响。

第四节　智库的能力评价

智库作为实现科学民主决策的一支重要力量正赢得巨大发展空间，据统计中国已经拥有超过 2000 家智库，但其中能够产生足够影响力的智库数量有限。中国政府对智库的重视程度前所未有，习近平总书记就加强智库建设多次作出重要批示，为新形势下推动中国特色新型智库建设指明了方向。在中国特色新型智库建设中，如何"科学、客观、公正地评估智库影响力和智库自身能力，从而更好地管理、建设和发展智库"显得尤为重要。

智库评价就是对智库相关表现进行测定的研究过程。智库评价一方面对智库自身能力的提高起到导向作用，让智库机构意识到自己的身份和所处的行业位置、明确角色定位、有目标地进行规范化运作和发展，完成从传统研究机构到现代智库的角色转换；另一方面提高公众对智库的认知度和关注度，了解其整体发展情况，引起各方重视和发展智库。智库评价对智库整体发展具有不容忽视的推动作用，有利于进一步理解智库的性质及其在政策制定中的作用、策略及局限性，还可以通过实施智库评价中的方法及指标体系，进一步思考提高智库服务决策的途径和策略。

一、国内外智库评价研究

（一）国外智库评价研究

1. 智库评价方法

20世纪90年代，西方国家最早开始了对智库评价的相关研究，在过去的近三十年时间里，国内外机构、学者从不同角度对智库的能力及影响力进行了研究，基本可以分为定性评价和定量评价两种方法。在定性评价方面，1995年，麦甘（James G. McGann）开创了定性进行智库评价研究的先河，通过访谈和问卷调查的形式搜集不同智库的第一手数据，例如智库专家构成、媒体引用等，然后按照知名度、推送策略等类别对不同类型的代表性智库进行了综合比较。此外，还在多个国家的不同地域范围内开展了定性方法的智库评价活动。2001年，英国《前景》杂志主办的年度最佳智库评选活动，由欧美地区的各智库自主报名，经由多个领域知名专家组成跨界小组提出最佳智库候选名单，经过多轮讨论，评选出年度最佳智库。在定量评价方面，1996年，多尔尼（Michael Dolny）将美国主流媒体对20多家智库的引用率进行统计和排名，并对年度引用变化情况做简要分析，这是最早运用定量方法开展的智库评价活动。2002年，加拿大学者埃布尔森（Donald E. Abelson）发表专著集中讨论了评价智库影响力的方法，通过观点被主要媒体的引用率和出席国会、听证会的次数，以定量分析的形式来对美国和加拿大智库的影响力进行比较分析。多尔尼和埃布尔森对智库的定量分析工作奠定了智库定量评价的基本框架。目前，已有多个机构或出版商在国家层面上对智库进行评价排名。

2. 智库评价模式

1）美国以市场为主导的评价模式。美国市场经济体制完善，在各类资源配置过程中市场往往起着决定性作用，美国智库的发展亦是如此，其评价模式受市场尤其是政策市场主导，即智库能否生存、发展、产生影响主要取决于市场反馈，其在市场竞争中的表现直接反映了智库整体运营情况，智库能否满足市场需求决定了其在接下来的发展中是逐渐壮大还是日渐衰微。与此同时，美国也有机构独立开展智库评价项目，例如宾夕法尼亚大学的"智库与公民社会项目"，但该项目作为民间活动，主要起到了提升智库知名度和影响力的作用，对美国市场主导的智库评价模式没有太大影响，在影响智库存续的问题上依旧由市场发挥主要作用。

2）德国以第三方机构为主导的评价模式。德国专门设立中立的第三方机构开展全国智库评价，其中莱布尼茨协会作为德国著名科研评价机构，在智库评价方面最为权威。莱布尼茨协会可以被视为德国各专业领域研究机构（智库）的联合协会，通过制定完整的评估标准和评价体系，以科学的评估流程和评价原则对智库开展周期性的专业评价。德国法律赋予莱布尼茨协会拥有对全国研究机构，尤其是国家级和州级研究机构进行评价的权利，智库只有满足莱布尼茨协会的要求，并定期接受并通过协会的评估，才可以获得国家资金支持。

3）日韩以政府为主导的评价模式。日本和韩国的智库评价有着明显的行政特征，由国家政府主导智库评价活动，这与日韩智库的资金来源及智库体系分不开。日本通常会在智库内部组织架构中设置一个评估委员会，由国家公务人员和兼职教授组成，代表国家政府负责监督和评价智库日常运作情况。韩国则由国家经济人文和社会科学研究会（National Research Council for Economics，Humanities and Social Sciences，NRCS）作为智库管理机构，对国内智库进行管理和评价。此外，日本和韩国还有一些民间智库，由大企业、大财团、基金会等出资成立，主要服务于企业的日常生产经营活动，同时也接受政府委托开展公益性项目研究。对这类智库而言，以市场为导向的评价模式更为适用，其在市场竞争中的表现更能成为直接的评价标准。

（二）国内智库评价研究

我国本土智库评价研究虽然刚刚起步，但迅速形成了一个热潮，在短时间内发布数个本土智库评价体系。比如，2014年，上海社科院智库研究中心的《中国智库报告》；2015年，零点国际发展研究院与中国网的《中国智库影响力报告》，四川省社科院、中国科学院成都文献情报中心的《中华智库影响力报告》；2017年，中国社科院的《中国智库AMI综合评价研究报告》。

（1）《中国智库报告》。上海社科院智库研究中心自2011年起与宾夕法尼亚大学的智库研究项目开展合作交流，借鉴智库评价指标体系、数据获取方法、排名种类划分等研究方法，设计了中国智库的评价标准与方法，于2014年发布了《中国智库报告》。研究中心每年都会在报告中总结往年智库建设情况，对部分智库研究领域进行理论分析，为我国智库评价研究领域做出了重大贡献。研究中心以多轮主观评价法为主，利用相对模糊的序数排名，参考个别定量指标，对智库影响力进行评价，通过问卷调查获取受访者对中国现有智库的主要评价数据，运用问卷信息处理程序，计算加权得分得到最终评价结果。

（2）《中国智库AMI综合评价研究报告》。报告将中国智库划分为综合、专业、社会、企业四类，以总报告和四类智库的分报告形式全方位、多角度对中国智库的现状进行评价分析。项目组对收集的智库信息进行添减、整理、统计和研究，整个数据的筛选过程经历了从外部数据、考察数据、样本智库数据到最终的参评智库数据等步骤，采用定量与定性相结合的方法，同时融合第三方评估和同行评议的结果，从遴选出的参评智库中评选出"中国智库综合评价核心智库榜单"。"中国智库综合评价AMI指标体系"主要从吸引力、管理力和影响力三个层次对智库进行评价，吸引力（Attractive Power）指中国智库的外部环境，良好的外部环境能够吸引更多的资源，提升评价客体的吸引力；管理力（Management Power）指中国智库的管理者管理评价客体的能力和促进评价客体发展的能力；影响力（Impact Power）是中国智库的直接表现，是吸引力和管理力水平的最终体现。

（3）《中华智库影响力报告》首次在国内将大数据理念引入智库影响力评价，项目组建立了智库数据平台，通过网页分析工具进行程序采集，从主要智库的官方网站、国家科学技术奖励工作办公室网站、国家自然科学基金和社会科学基金官方网站等采集数据进行人工录入并开展后续信息的持续收集。报告将中国智库的运行模式归为七类，即政府主导型、院校支撑型、精英领衔型、企业资助型、媒体侧翼型、跨界联盟型和共生融合型。报告综合运用网络采集、问卷调查得到的主客观数据，从决策影响力、专业影响力、舆论影响力、社会影响力和国际影响力五个角度，对我国智库进行了综合评价、分项评价和分类评价，提炼出我国智库在空间、发展、结构、行为和传播方面的特征。表 2-1 展示了国内外不同智库评价体系指标设置情况。

表 2-1　　　　　　　　国内外不同智库评价体系指标一览

《全球智库报告》	《中国智库报告》	《中国智库 AMI 综合评价研究报告》		《中华智库影响力报告》		中央党校《智库能力评价体系》
影响力指标	影响力	影响力	政策影响力	影响力	决策影响力	输入环节指标
			学术影响力		舆论影响力	资源汲取
			社会影响力		社会影响力	制度支持
					专业影响力	协同创新
			国际影响力		国际影响力	职责要求
资源指标	智库成长能力	资源属性	吸引力	声誉吸引力		转换环节指标
				人员吸引力		组织治理

《全球智库报告》	《中国智库报告》		《中国智库 AMI 综合评价研究报告》		《中华智库影响力报告》	中央党校《智库能力评价体系》	
资源指标	智库成长能力	资源禀赋	吸引力	产品/成果吸引力		转换环节指标	组织治理
				资金吸引力		输出环节指标	成果产出
效用指标			管理力	战略组织		输出环节指标	成果传播
				系统		反馈环节指标	沟通调适
				人员			
产出指标				风格			
				价值观			
				技术			

二、典型智库评价体系

（一）麦甘的全球智库评价体系

詹姆斯·麦甘在宾夕法尼亚大学主持的"智库与公民社会项目"（TTCSP）建立了一套客观公正的研究体系，连续十五年每年出版一份《全球智库报告》，描绘全球智库发展轨迹，对全球智库进行权威综合评价，引导各国智库搭建起社会与政府间的坚实桥梁。TTCSP 被誉为"智库中的智库"，其全球智库报告也因为严谨公正成为当今国际上最具影响力的智库评价体系。

该项目以全球各国智库的影响力为评价研究对象，旨在研究智库在世界各国政府与社会公众中发挥的价值，致力于为智库发展提供方向标杆，同时加强政府及公众对智库的正确认识。全球智库报告包含两方面内容，分别是统计各国及各地区年度智库存量数据和对全球智库进行排名，包括智库综合排名和专业性智库排名。

全球智库报告采用的评价指标体系主要分为四个方面：资源指标、效用指标、产出指标、影响力指标（见表2-2）。

表2-2　　　　　　　　　　全球智库报告评价指标体系

一级指标	二级指标
资源指标 （Resource Indicators）	招募、留住顶尖学者和分析师的能力； 财务支持水平、质量和稳定性； 与政策制定者及政策精英的关系； 工作人员的研究分析能力； 网络的质量和可靠性； 与政策学术界和媒体的关键联系情况
效用指标 （Utilization Indicators）	在本国政界及媒体中的名誉； 媒体出现和引用、网络点击、立法和行政机构作为证词的数量及质量； 官员或部门机构的简报、正式任命和咨询； 书籍销量； 报告传播力； 学术参考和公众出版物中的引用情况； 主办会议的参与情况
产出指标 （Output Indicators）	政策建议和想法的数量和质量； 出版物（书籍、期刊文章、政策简报等）的数量和质量； 新闻采访的数量和质量； 简报会、会议和研讨会的数量和质量； 被提名担任顾问和政府职位的工作人员的数量和质量
影响力指标 （Impact Indicators）	决策者和民间社会组织考虑或采纳的建议情况； 问题网络的聚焦情况； 对政党、候选人和过渡团队的咨询作用； 获奖情况； 在影响政策辩论和决策的学术期刊、公共证词和媒体内公开发表或引用的情况； 在列表服务器和网站的主导地位； 在挑战该国官僚和民选官员的传统智慧和标准操作程序中取得的成功

该项目采用专家评议法，邀请全球各国学术界、政界、媒体界、基金会等多个领域1500多名专家参与智库评价与提名，项目组通过全面收集专家意见，整理得到全球智库数据库。

项目研究评价过程分为三个阶段：第一阶段项目组邀请其数据库中分布于全

球各地的专家及相关人士举荐"国际咨询委员会"成员，邀约成功后，咨询委员会成员将按照若干分类各自提名该分类下的前 25 名智库；第二阶段项目组整理各类智库的提名情况，筛选出被提名超过五次的智库，确定入选最终排名的智库名单；第三阶段项目"专家小组"根据评价指标对名单中的智库进行排名、确认和调整，确定各个类别的最终排名，并由项目组形成全球智库报告。

（二）中央党校的智库能力评价体系

中共中央党校面向中国特色新型智库建设提出了一套智库能力评价体系，旨在剖析智库运行环节中的做法和现状，总结问题及经验，提高智库管理层和研究人员的认知水平，提出智库发展针对性改进策略，推动中国特色新型智库建设。智库能力评价重点关注中国智库发展建设的关键问题，即智库能力问题。以能力评价为视角，构建一个更加清晰的智库评价理论框架。以能力评价标准作为智库建设的标杆，以理论目标对照现实，给政府、社会及智库自身提供一个智库建设水平的参考，为智库基础性建设提供方向。中央党校的评价体系更加聚焦智库全过程的能力评价，比其他国内机构聚焦结果的影响力评价更能反映智库建设维度全貌。

该体系应用政治系统论作为智库能力评价研究框架，认为智库机构是典型的具有广泛社会联系特征的组织形态，是社会大系统中的一个子系统，需要通过社会大环境中获得支持，并经过有效的内部治理、输出智库成果、履行社会职责并得到社会认可，才能保持自身生存和稳定发展。政治系统与环境、子系统之间的互动主要通过四个环节完成，即输入、转换、输出、反馈，该体系便从上述四个环节开展智库系统研究并进行指标体系构建（见表 2-3）。

表 2-3　　　　　　　　　智库能力评价指标体系

系统环节	一级指标	二级指标
输入环节	资源汲取	人才汇聚、经费筹集、信息获取等
	制度支持	政策参与制度、登记制度、税收制度等

系统环节	一级指标	二级指标
输入环节	协同创新	区域协同创新、行业协同创新、跨部门协同创新、国际协同创新等
	职责要求	政府职责要求、自我职责定位、政策咨询地位等
转换环节	组织治理	考评激励、组织再造、选题定位创新等
输出环节	成果产出	成果产量、成果质量、成果创新性、成果可应用性等
	成果传播	内参报告、社会传播、国际传播等
反馈环节	沟通调适	沟通渠道、自我调适等

来源:《智库能力评价与创新》张伟（著），中央党校出版社。

（1）输入环节。一个系统必须有输入环节，系统才能开始运转。从智库管理来看，智库活动的顺利开展需要获得社会资源方面的支持性输入、政府制度方面的支持性输入、智库及其相关机构通过协同创新提供的支持性输入、智库被赋予的职责要求产生的压力性输入等。

资源汲取能力是智库获得资源支持、发展自身能力的基础和前提。资源包括软资源和硬资源，软资源如人才、信息等，硬资源如经费、设施等。不同时期，智库需要的资源支持不同。现如今，智库更倾向于拥有多元的资金来源，聚集不同学科背景及从业背景的人才，获得更优惠的政策以及更开放的信息。

制度支持作为一种行为规则，决定了智库组织及其内部人员的行为选择空间，约束智库与其他组织机构间的相互关系，降低交易成本，得到产权保护，促进资源的优化组合。制度支持能力包括制度资源的数量、质量、结构和规范能力。制度对政策的支持不仅涵盖法律、政策对智库的注册、税收等的直接规定，还包括对智库相关对象的规定。

协同创新能力是指智库与其他相关机构之间相互合作、提高各自资源获取能力，在各智库主体和智库平台功能定位的基础上，突破区域、单位、学科、身份本位的界限，促进智库人才、经费、课题、成果的优化配置，实现智库主体的合纵连横、智库平台的联动互通、智库要素的优化重组和智库管理的机制创新。

职责要求是指智库机构往往被赋予重要的咨政职能，这种职责定位也是智库"权利"的一种特定形式，能够成为一种特殊的能力资源，可能成为获得其他核心资源要素的前提，如人才、经费、信息、制度等。职责要求会以两种方式向智库施加压力：一种是直接由要求产生的压力，即政府要求智库及时提供所需要的成果；另一种是由要求间接产生的压力，也就是在要求得不到满足的时候，政府可能削弱对智库机构的重视和支持。

（2）转换环节。输入环节为智库产出高质量成果提供了条件，但更直接的因素是智库内部的治理能力，即智库能否通过内部转换环节，有效吸收外界资源，产出高质量研究成果。就智库自身能力建设而言，对多种资源的管理及利用体现在内部治理的诸多方面。例如，考评激励创新能力，需要确保智库研究人员能够最大限度地发挥聪明才智，做到人尽其用；组织再造能力，即采用恰当灵活的组织层级，使智库能够高效运转并发挥自身影响力；经费管理创新能力，需要体现对智库人力资本这一重要主体的人性与人文关怀，保护和激发研究人员的科研热情，同时提高经费的使用效率，保证智库的高效率运转；选题定位创新能力，需要视野开阔，围绕当前国际社会的热点问题和我国社会的难点问题，推动前瞻性、战略性研究。

（3）输出环节。智库利用人才、资金、制度、信息等资源的投入，通过自身治理机制将其转换为研究成果并输出为决策或实现对外传播，便是智库输出环节的主要活动。

智库凭借其高质量研究成果来影响公共政策，因此成果产出能力是智库能力的关键。智库成果质量越高，数量越大，表明其成果产出能力越强；智库成果产出能力的高低反过来也会影响智库获取资源和转化为公共政策的难易程度。

智库成果传播能力在一定程度上决定着其影响力的高低，同时在多大程度上能够影响公共政策也取决于其传播网络的强大程度。影响力较大的智库往往都拥有多元而畅通的传播网络，这个网络一般由政府决策机构、学者专家团队、大众传播媒介和民间团体组成。智库的成果传播有多种形式，比如人际传播、组织传播、大众传播等，其中最有效的传播途径是通过各个系统的"内参"将智库成果直接摆到决策者的面前。

（4）反馈环节。反馈环节对智库保持自身地位并实现不断发展作用巨大，在反馈过程中的沟通调适能力帮助智库了解自身面临的状况，决定智库是否应该沿用之前的工作方式，或是以某种方式对其进行修正。智库的信息反馈能力是其总结经验、弥补不足，获取动力和适应性以提升咨询能力的关键。

从研究到实践：

企业智库建设之路

第三章 | **智库的分类和案例**

第一节　智库分类

智库的分类与智库的发展程度紧密相关，经历了规模从小到大、研究领域从单一到多样、政策影响力从弱到强等维度的不同分类时期。

早期智库类型较为单一。美国布鲁金斯学会学者肯特·韦弗认为智库有研究、咨询和宣传三种目的，即从纯粹的学术研究到解决现实问题进行区分。他将早期智库分为三类：一是学术研究型研究智库，强调客观、严谨、中立的重要性，研究成果往往具有较强的学术性；二是非营利性合同委托型智库，较少强调研究的学术性，比较看重研究成果对于特定政府部门的适用性；三是倡导型智库，这类智库专注于政策研究，并高度重视媒体的作用。美国纽约城市大学政治学副教授安德鲁·里奇将智库分为市场导向型智库、非市场导向型智库和合同研究型智库三大类。

随着智库产业逐渐成熟，现代智库走上了多样化发展的道路。宾夕法尼亚大学智库和公民社会计划（TTCSP）对全球智库进行了分类排名，将智库分为政党智库、政府直属智库、大学智库、独立智库、多方机制性合作智库、对外关系及公共参与智库、倡议宣传智库、管理智库、跨学科研究智库、政策研究智库等类别。但是，部分学者对 TTCSP 项目研究持批判态度，例如开放社会研究所协助下的智库基金主任恩里克·门迪扎巴尔和戈兰·布尔迪奥斯基等研究人员认为，智库的分类应有多个判别维度，他们将地区和国家的差异也考虑在内，提出了多种划分智库机构的方法：①按智库隶属关系（即独立性或自治问题），分为非营利性独立民间社会智库、大学政策研究智库、政府创建或国家资助的智库、企业智库、政党智库、与利益集团和其他政治参与者有正式和非正式联系的智库、个人智库；②按智库地域范围，分为全球智库、区域智库；③按智库规模和重点研究领域，分为大型综合智库、大型专业智库、小型专业智库等；④按智库资金来源，分为个人出资、公司出资、基金会出资、捐助者出资、政府出资、销售或活动出资等类型；⑤按智库商业模式，分为独立研究型、合同型、宣传型智库；⑥按智库的论据来源，分为意识形态导向型、价值观导向型、利益导向型智库；⑦按智库研究特征，分为理论或学术型、应用型、经验型、综合型智库。

选取上述有代表性的智库分类方法，根据不同的分类原则整理出如表 3-1 所示的智库类别划分。

表 3-1　　　　　　　　　不同维度的智库类别划分

维度	类型
营利性质	营利性智库和非营利性智库等
地域范围	全球智库、区域智库等
智库规模	大型智库、中型智库、小型智库等
商业模式	独立研究型智库、政府合同型智库、倡议宣传型智库等
论据来源	意识形态导向型智库、价值观导向型智库、利益导向型智库等
隶属关系	独立民间社会智库、大学智库、政府智库、政党智库、企业智库、个人智库等
研究特征	综合型智库、理论或学术研究型智库、政策研究型智库、应用型智库、经验型智库等
资金来源	个人出资智库、公司出资智库、基金会出资智库、捐助者出资智库、政府出资智库、销售或活动出资智库等

在国内，鉴于中国特色国情和特有体制，不同智库的内部构成及隶属关系具有鲜明特色，对智库的分类也大多据此展开。早期国内智库发展尚不完善，有学者直接将智库划分为政府智库和民间智库两大类。后有薛澜、朱旭峰根据法律规定的主体形式将智库分为事业单位法人型智库、企业型智库、民办非企业单位法人型智库和大学下属型智库四类。《关于加强中国特色新型智库建设的意见》中提出了社科院和党政行政学院智库、高校智库、科技创新智库和企业智库、社会智库四种类型。国家高端智库建设方案将智库分为党中央、国务院、中央军委

直属的综合性研究机构，依托大学和科研机构形成的专业性智库，依托大型国有企业建立的智库，基础较好的社会智库四类。中国智库索引（Chinese Think Tank Index，CTTI）将智库分成九种类型，分别为党政部门智库、社科院智库、党校行政学院智库、高校智库、军队智库、科研院所智库、企业智库、社会智库、传媒智库。

本书服务于中国特色新型智库建设，根据智库的隶属关系及组织特征对智库进行分类，即根据智库主体建设单位的基本属性划分类别，分别是政府智库、高校智库、传媒智库、社会智库、企业智库。

第二节　政府智库

政府智库是通过立法或者行政组织条例组建的存在于政府体系内部，为党政军各级领导层提供政策研究和决策咨询服务的智库机构。政府智库受益于其背景和体制优势，承担了政府委派的绝大部分课题，研究成果传递渠道畅通，有利于发挥影响政府决策的作用，在我国智库领域内实力较强并具有强大的影响力，结合现实国情，政府智库在未来很长一段时间内仍将是我国智库的主体类型。

政府智库由政府以财政方式提供启动资金并由财政拨款作为主要运作经费，优点是研究经费充足，能够聚集数量较多的专家，开展大型研究课题，缺点是缺乏市场竞争意识，存在工作效率低、人浮于事的现象。政府智库一般都列入事业单位编制，有行政级别，如中国科学院设有局、处等机关。政府智库作为相对独立的事业单位，在政策研究和政策咨询方面有一定的自主空间，但仍然依附于政府存在，接受政府指令性研究课题和宣贯任务，不能保证其研究结果的客观性和创新性。

一、日本防卫研究所

日本防卫研究所（National Institute for Defense Studies，NIDS）成立于1952年8月，直接隶属于日本防卫省，旨在更好地满足日本防卫省政策制定的智力需求，其所有运营经费皆由日本政府提供。日本防卫研究所成立之初名为日本国家安全学院，于1954年改名为国防学院；后为了增强其政策研究能力，于1985年正式更名为日本防卫研究所，并沿用至今。作为核心政策研究机构，日本防卫研究所的主要研究方向是日本国家及军事安全，同时还作为战略型教育机构，用于培养日本自卫队高级军官。

日本防卫研究所下设八个部门：行政规划部负责总务、人力、会计工作，规划并协调其他部门的研究及教育培训工作；政策研究部负责研究日本及其他国家的防卫政策、国防建设、军事行动以及全球安全事务；安全研究部负责对政府、立法、社会、国防经济以及战后冲突与发展进行研究；区域研究部负责对世界各地区的国际关系和安全挑战进行研究；教育部负责为自卫队高级官员、国防部和其他政府机构的同等文职官员提供有关国家安全事务的教育；军事历史中心从事军史研究，编纂军史，维护军史档案；图书馆负责提供有关国际研究和交流的书籍，支撑研究和教育活动的开展；政策模拟部负责研究日本自卫队的管理和运作。

日本防卫研究所举办过数次大型会议及各类论坛，包括了日本防卫研究所国际安全研讨会、亚太安全国际研讨会、日本防卫研究所战争历史国际论坛等。同时，还通过出版各类刊物扩大影响，具体包括《东亚战略评论》《NIDS安全研究》《NIDS军事历史研究年鉴》等。自2011年起，日本防卫研究所每年还出版特别刊物《NIDS中国安全报告》，并于2016年在其区域研究部专门设立了中国科，专注于对中国国防及军事进展的研究。

二、中国国务院发展研究中心

国务院发展研究中心是直属国务院的综合性政策研究和决策咨询机构，承担多项国家规划的调研、起草工作，被视为中国经济领域的最高智囊团之一。国务院发展研究中心在宏观经济政策、发展战略和区域经济政策、产业经济和产业政策、农村经济、技术经济、对外经济关系、社会发展、市场流通、企业改革和发展、金融以及国际经济等领域拥有许多国内外著名的经济学家以及高素质的专家和研究人员，其主要职责是研究中国国民经济、社会发展和改革开放中的全局性、综合性、战略性、长期性、前瞻性以及热点、难点问题，为党中央、国务院提供政策建议和咨询意见。

国务院发展研究中心秉持"唯实求真，守正出新"的理念："唯实"，即尊重事实，坚持理论联系实际，深入了解真实情况，反映真实问题；"求真"，即认真思考，严谨细致，强调专业主义精神，找到事实的真相或真理，提出切实管用的建议；"守正"，即坚持为中央决策服务的根本方向，客观理性开展研究，遵守职业道德和学术规范，做有良知、负责任的学者；"出新"，即解放思想，勇于创新，不断出思想、出成果、出人才，为中央科学决策提供高质量的智力支持。

国务院发展研究中心在促进中国的改革开放和发展等方面，做了许多开创性的工作。中心积极参与了国家的国民经济和社会发展五年计划和长期规划的制定，以及各阶段改革开放的重大政策研究和决策过程，并主持或参与了许多重大国家级的研究项目以及一些地区性发展战略和规划的研究。在国际上，国务院发展研究中心与许多国家的政府机构、学术界和实业界以及国际组织建立有广泛的联系，并开展了各种形式的双边与多边国际交流与合作，承接过一些重要国际组织和国外基金组织援助的在华重要研究项目，以及中国政府有关国际经济合作和区域经济一体化等问题的双边和多边合作研究项目，取得了许多建设性成果。国务院发展研究中心主办了"中国发展高层论坛"这一国家级大型国际论坛，旨在

"与世界对话，谋共同发展"，是中国政府高层领导、全球商界领袖、国际组织和中外学者之间重要的对话平台，于每年 3 月"两会"闭幕后的一周在北京钓鱼台国宾馆召开年会，论坛吸收借鉴国际有益经验，促进中国的改革开放和发展，同时帮助世界了解中国，促进世界和平与发展，受到中国政府和中外政界、学术界和实业界高层人士的重视和高度评价。

三、中国社会科学院

中国社会科学院是中共中央直接领导、国务院直属的中国哲学社会科学研究的最高学术机构和综合研究中心。中国社会科学院以学科齐全，人才集中，资料丰富的优势，在中国改革开放和现代化建设的进程中，进行创造性地理论探索和政策研究，肩负着从整体上提高中国人文社会科学水平的使命。

截至 2023 年，中国社会科学院拥有 6 大学部，6 个职能部门，5 个直属事业单位，2 家直属企业，主管全国性学术社团百余个，并代管中国地方志工作办公室（国家方志馆）。中国社会科学院现有研究所 31 个，研究中心 45 个，含二、三级学科近 300 个，其中重点学科 120 个。全院总人数 4200 多人，有科研业务人员 3200 多人，其中高级专业人员 1676 名，中级专业人员 1200 多名。他们中拥有一批在国内外学术界享有盛名、学术造诣高深的专家学者和在学术理论研究方面崭露头角的中青年科研骨干。

中华人民共和国社会科学发展规划与国家五年计划的实施同步进行，中国社会科学院除组织各研究所承担相当数量的国家哲学社会科学规划重点研究项目外，还根据国家社会主义物质文明建设、精神文明建设、民主法制建设的需要和各学科的特点及其发展，确定院重点项目和所重点项目；同时积极承担国家有关部门提出或委托的国家经济与社会发展中具有全局意义的重大理论问题和实际问题的研究任务。重点研究项目通常以课题组的形式进行，参加者根据自己的专业特长接受委托或自愿选择研究任务，许多重大课题由多学科参加，利用多学科综合优势进行研究，也有一部分科研业务人员，根据自己的专业方向和兴趣独立进行研究。

第三节　高校智库

高校智库是隶属于大学或依托大学组建的从事政策研究和决策咨询的智库机构，主要包括由大学单独或在其他机构、团体的协助下创建的各种研究院、研究所和研究中心等。教育部 2014 年发布的《中国特色新型高校智库建设推进计划》明确指出，高校智库承载着战略研究、政策建言、人才培养、舆论引导、公共外交的重要功能。近年来，高校智库对决策和社会的影响日益增大，发展势头良好。

高校智库的运作资金大多来源于学校拨款和研究人员的课题研究经费，资金来源比较稳定。高校智库具有基础研究实力雄厚、学科门类齐全、人力资源集中等优势，有很强的学术独立性，研究方向和领域的选择更为主动和自由，受到各级决策者的青睐。缺点是高校智库的研究往往是从学术层面入手，存在着重视学术理论研究成果而轻视研究成果实践性和可操作性的现象，不能及时辅助决策或开展社会实践，影响了智库研究成果的应用转化。

高校智库体现出多重属性。首先，高校智库承载着智库职能，为政府、企业等提供咨询服务，为政策制定提供理论指导，搭建知识与政策的桥梁，因此，服务性是其本质属性。其次，高校是学术高地，具有学科门类齐全、专业优势显著的特点，拥有完整的学科链条，具有理论研究的传统优势，从基础理论研究到实务操作到政策解读，都能够充分发挥高校知识生产、思想生产的优势，故而学术性是其固有属性。最后，不少高校智库是集科研、咨询、教学为一体的机构，它们充分利用自身的学术和资源优势，为国家和社会培养兼具理论修养和实践能力、拥有战略眼光和管理水平的复合型人才，也在开展中外学术交流方面承担着相应责任，因而多元性是其偶有属性。

一、莱斯大学贝克研究所

　　莱斯大学贝克研究所（全称"莱斯大学詹姆斯·贝克三世公共政策研究所"，Baker Institute for Public Policy），由曾任美国高级政府官员的詹姆斯·贝克三世于 1993 年创立。贝克研究所主要对国际、国内政策问题展开研究，为决策者提供相关政策的评估及建议。贝克研究所的学者从政治家和政策制定者那里了解政策影响的实际需要；政治家和政策制定者听取学者严谨的、合乎逻辑的且注重实际效用的学术分析，以改进他们的研究工作；而学生、下一代学者和政治家参与上述交流，丰富自身的知识素养，成长为更加优秀的学者和政治家。

　　贝克研究所现已成为美国首屈一指的无党派公共政策智囊团之一，是世界大学智库中的佼佼者。目前研究所设有能源研究中心、健康与生物科学中心、中东中心、公共财政中心、麦克奈尔创业与创新中心和墨西哥中心等 6 个研究中心；还设有中国研究、国际经济学、拉丁美洲倡议、总统选举、宗教与公共政策、科技政策、太空政策等 12 个研究项目。作为年轻的大学智库，贝克研究所在短时间内不仅开设了广泛的研究领域，而且在世界大学智库舞台上享有较高的声誉。

二、北京大学国家发展研究院

　　北京大学国家发展研究院（简称"北大国发院"）成立于 2008 年，是在北京大学中国经济研究中心的基础上组建的一个以综合性社会科学研究为主的科研教学机构，于 2015 年入选国家首批高端智库。北大国发院以国家发展为中心议题，提出重大前瞻性战略、制度、政策和基础理论问题，旨在成为集结高水平综合性知识的一个学界智库。

　　北大国发院秉承"小机构、大网络"的理念开展智库建设，聚合北大乃至全球的研究资源，在政府与市场的关系、新农村建设、土地问题、国企改革、电信改革、股市治理、人口政策以及经济结构调整等诸多重大问题上，产生了一批有影响力的政策建议，并被政府所采纳。北大国发院拥有"中国经济观察报告会""格政"和"国家发展论坛"三个智库品牌活动，并牵头组织"中美经济对话"和"中美卫生对话"，在中美民间外交方面做出了突出贡献。

三、中国人民大学国家发展与战略研究院

中国人民大学国家发展与战略研究院（简称"人大国发院"）于 2013 年 6 月正式成立，是中国人民大学重点打造的中国特色新型高校智库。人大国发院以"中国特色新型高校智库的引领者"为目标，以"国家战略、全球视野、决策咨询、舆论引导"为使命，致力于建设成为"最懂中国的世界一流大学智库"。2015 年，人大国发院入选全国首批国家高端智库建设试点单位，并入选全球智库百强；2019 年，在首次国家高端智库综合评估中成为唯一一家进入第一档次的高校智库。

人大国发院以"新平台、大网络，跨学科、重交叉，促创新、高产出"的理念打造高端智库平台，围绕经济治理与经济发展、政治治理与法治建设、社会治理与社会创新、公共外交与国际关系四大研究领域，汇聚全校一流学科优质资源，打造了宏观经济论坛、国家治理研究中心、"一带一路"研究中心等二十六大研究中心，孵化出首都发展与战略研究院等一批特色专业新型智库，在基础建设、决策咨询、公共外交、理论创新、舆论引导和内部治理等方面取得了显著成效。

第四节　传媒智库

传媒智库是指以媒体组织、媒体机构为主体，融合传统媒体和新兴媒体打造

的"媒体＋智库"新业态，服务于国家利益和公共利益，以影响公共政策和舆论为目的。传媒智库的先天优势是其舆论传播力，核心竞争力来自思想创新力与舆论传播力的有效结合，通过打造专业、权威的思想产品，将媒体服务领域由单纯的信息传播向思想挖掘、战略研判、方案供给、价值传递延伸。能否建设拥有强大实力和传播力、公信力、影响力的新型媒体集团，形成立体多样、融合发展的现代传播体系，对执政党来说关系重大，将直接影响到舆论阵地的得失，进而影响到执政党的执政安全。

一、经济学人智库

经济学人智库（The Economist Intelligence Unit，EIU）是经济学人集团旗下的商业分析机构，其总部位于伦敦，在纽约和香港设有区域总部，并在其他40 多个主要城市设有常驻机构，为企业和机构客户提供全球两百余个国家和地区的全面分析及预测服务。

经济学人智库的研究范围涉及各行各业，帮助政府和各类企业了解世界经济形势的变化，提供风险管控建议，致力于开展有针对性的经济预测和咨询服务。经济学人智库具有专业的研究能力，能够独立完成针对某一国家、城市、行业和企业的高质量的研究报告，以其独立客观、简洁透明的专业预测能力和先进的风险评估体系等优势在一众智库中立足。经济学人智库帮助英国政府完成了多项政策的实施，在世界范围内亦有深刻影响，在中国，经济学人智库协助跨国企业在华扩张发展，并且为中国企业提供海外投资的政治、经济、汇率、运营环境等综合风险评估。

经济学人智库组建了一支专家团队，其中包括长期驻扎在各个国家的政治学专家、经济学专家和数量庞大的撰稿人。经济学人智库生产的产品和提供的服务覆盖全球 200 多个国家，对主要国家和地区进行政治、经济的宏观分析和预测，针对全球 6 个主要行业及 27 个子行业的数据提供分析与报告。经济学人智库通过在全球范围内召开多项高端管理层会议，针对世界政治经济热点问题和国际发展态势进行深刻的讨论并形成可传播文件，加强了各行业的沟通和交流。

二、新华社智库

新华社国家高端智库以政策研究为主攻方向，围绕国内外重大问题开展前瞻性、战略性、储备性研究，是中国国家高端智库方阵中唯一媒体型智库，由六个研究中心组成：国情与战略研究中心、世界问题研究中心、公共政策研究中心、传播战略研究中心、经济研究中心和舆情研究中心，形成了众多有影响力的智库成果。

新华社国家高端智库发挥调查研究、全球布局等优势，以开放思维和国际视野开展国际智库间交流合作，组织召开各类国际智库论坛。2019 年，新华社国家高端智库联合中外 15 家知名智库成立"一带一路"国际智库合作委员会，中外 130 多家智库参加，已成为推动"一带一路"相关课题研究和思想交流，促进理论创新、成果共享、知识传播和人员往来的国际化平台。

三、南方传媒智库矩阵

南方传媒智库矩阵是由多个智库机构共同组成的传媒智库矩阵，是南方报业传媒集团推进智慧转型的实践成果。目前各智库已经深度参与到广东改革发展的关键领域，围绕各自领域推出了一批代表课题和产品，构建起层级高端、规模庞大的专家库，形成媒体智库强大思想库和高参群，为推进地区治理体系与治理能力现代化作出积极贡献。

（1）南方经济智库定位打造党委政府智囊、资源整合平台、融合发展试验田，通过"汇数"与"汇智"打造核心竞争力，建立专题经济数据库，整合汇聚国内外智力资源，深入研究经济走势、政策走向，服务广东与中国经济发展。目前已牵头开展了"奋力实现'四个走在全国前列'""寻找金融四梁八柱·全球金融中心""广东河长·江河水""世界级湾区"等系列深调研，其中"奋力实现'四个走在全国前列'深调研"成果之一——《重整行装再出发》一书，被作为省委十二届四次全会参阅材料。

（2）南方法治智库通过整合媒体、学术、社会资源，共同参与推进平安广东、法治广东建设，争做全省政法工作的决策高参、形象管家、宣传阵地。智库将围绕广东工作大局和省委决策部署，通过调研报告、舆情分析等内参形式，对政法工作建言献策；组织论坛、沙龙，推动政法单位负责人与学者等探讨研究推进法治建设；组织相关讲座与培训；举办不同主题的评选活动；在南方日报、南方＋客户端开设宣传阵地，对广东法治建设成效进行立体化传播；创新开展普法教育等。

（3）南方教育智库在省教育厅指导下成立，立足发挥集团报网端渠道优势，连接教育部门、大中小学、学术界和教育机构等各领域资源，为教育行业提供调研报告、指数产品、第三方评估、舆情内参、线上线下研讨会等多元产品服务，协同推进广东教育事业改革发展，着力打造"主流媒体智库，教育智慧高地"。目前已推出"2018 年中国内地大学第三方综合指数竞争力排名"等教育指数产品。

（4）南方城市智库以"立足广东，对标全球；把脉城市发展，凝聚社会共识"为宗旨，依托省内外丰富的学术资源，以粤港澳大湾区内的城市为主要研究对象，对城市发展的热点问题和成长发展方向进行跟进研究，提出具有建设性、可操作性的应对和路径建议，向粤港澳大湾区及更大范围内城市提供建设性决策参考，致力于打造以关注城市成长为核心目标、有南方特色的现代化智库。已连续两年推出珠三角企业创新报告。

（5）南方党建智库定位于打造"各级党委部门决策党建工作的参谋、机关企事业单位研究党建工作的助手、广大党员群众参与党建工作的平台"，由"党建传播、党建研究、党建服务与产品"三大核心构成，按照宣传、培训、数据、策划、研究、咨询、合作等七大产品类型，制定 19 项党建产品目录，为全省各级党政机关和企事业单位提供个性化、定制化党建服务与产品。目前已开发制作 15 集"党的组织生活制度"系列作品。

（6）南方数字政府研究院以南方网为平台，积极参与"数字广东"建设，为全省 1300 多家政府网站提供服务，打造以互联网＋、大数据等信息化技术为特征的新型智库。目前具有从顶层设计、决策参考辅助，到创新解决方案、平台产品研发、运营管理服务，到效能评测监督、传播推广普及等互联网政务全链条服务能力，已牵头设计建设全省政府网站集约化平台，制定数字政府第三方评测指标体系。

（7）广东乡村振兴服务中心在广东省委农办指导下成立，以乡村振兴战略总要求为着力点，全面整合政府、科研院校、社会力量等资源，开展市县乡村振兴规划制定、乡村振兴培训、乡村振兴讲习所建设运营、乡村治理创新、新业态培育、农业产业发展规划咨询、乡村建设规划与设计、乡村建设成效评估（评价）、乡村振兴博览会和乡村振兴博览园运营等业务，构建符合广东特色的乡村振兴服务平台。

（8）南方周末研究院下设中国企业社会责任研究中心、公益研究中心、绿色研究中心、旅游研究中心、教育研究中心、防务工作室和文娱工作室，在垂直化内容生产基础上，生产内参、分析研究报告、数据咨询服务等产品，构建融信息连接、资源整合、要素集聚为一体的新型媒体智库。目前已开展中国企业社会责任评选"三榜"发布。

（9）南都大数据研究院结合市场和用户需求展开课题研究，推动数据发挥量化、测评、服务和监督力量，已经形成数据报道、榜单评价、民意调查、咨询研究、鉴定测试、评估认证、数据库与轻应用八大系列近百项产品，打造中国最具公信力、研究力、服务力、传播力、影响力和数据型媒体智库。目前已有《广州城市治理榜》《南都街坊口碑榜》等产品，在新经济新业态、城市治理、区域经济、新生活和鉴定评测领域确立了20个课题项目。

（10）南方舆情数据研究院拥有分析师、特邀分析师、专家委员会等研究团队超过200人，通过大数据采集与深度挖掘，还原社会真实意见构成，提供应对与引导建议，助推科学民主决策，覆盖政务、政法、商业、教育科研、大数据等领域，是国内首家从专业媒体角度专注"治理现代化"研究领域的复合型智库。已提炼形成《粤治撷英——治理现代化的广东探索》《从1到π——大数据与治理现代化》等智库产品。

（11）南方产业智库致力于连接产业、研究产业、服务产业，发挥媒体连接优势和传播优势，整合资源、数据、智力，立足于产业发展规划智囊、行业资源整合平台、公司治理战略咨询、消费行为趋势研究，重点服务广东和粤港澳大湾区产业经济发展。

（12）南方文化产业智库依托南方报业传媒集团公司全资子公司广东南方二八九文化产业投资有限公司成立的新型智库，主要围绕粤港澳大湾区区域新经济发展、数字文化产业、文化消费提升、文化助力乡村振兴、文旅融合发展、地方特色文化等领域，进行重点研究。

第五节　社会智库

社会智库大多是由私人或者民间团体创设、出资组织，为政府和社会提供思想产品的非官方的第三方公共政策研究机构。我国社会智库起步较晚，受到发展环境的限制，发展速度缓慢，在数量和影响力上都还处于弱势地位。随着中国特色新型智库建设目标的提出，我国社会智库迎来了发展机遇期，正在逐渐成为一支不可或缺的新生力量。

社会智库在组织上独立于其他任何机构，人事独立、经费自筹、利益中立，有公益性、非营利性的特点。社会智库的研究成果相对公正、运行机制灵活，易于提供形式多样的研究服务，能够反映公众对政策的需求和建议，也使公众更加了解政府决策。但是，社会智库由于缺少参与决策咨询的制度性安排，经常无法直接将研究成果和决策建议送达党政决策核心部门及相关领导。此外，我国社会智库资金来源不够稳定，在资金筹措方面也面临着较大困难。

正式的社会智库按目前的法规和政策应获得民办社科类研究机构批文或民办非企业科研机构批文，至少应获得工商注册，建立一套非营利机构管理机制并获得公众认同。严格意义上的社会智库应符合以下条件：主要业务范围为智库；非政府机构（如事业机构、院校、社会团体、民众等）设立；没有国有资产进入；非营利机构或以公司形式注册；独立运作。

一、布鲁金斯学会

布鲁金斯学会（Brookings Institution）历史久远、规模庞大、研究深入，被称为美国"最有影响力的智库"。正式成立于 1927 年，总部位于华盛顿特区，由政治研究所、经济研究所和罗伯特·布鲁金斯经济政治研究学院合并而成，主要研究社会科学，尤其是经济与发展、政府治理、外交政策以及全球经济发展等议题。布鲁金斯学会以开展高质量的独立研究为宗旨，并据此提出创新和实用的政策建议，以达到三个目标：捍卫美国民主，促进所有美国人的经济和社会福利、安全和机会，以及推进一个更加开放、安全、繁荣和合作的国际社会体系。

布鲁金斯学会遵循"独立、非党派、尊重事实"的研究精神，提供"不带任何意识形态色彩"的思想，旨在充当学术界与公众政策之间的桥梁，向决策者提供最新信息，向公众提供有深度的分析和观点。布鲁金斯学会学者的工作方式非常宽松，无论是在研究选题还是工作时间上都具有很大的自主性，学者们可以在自己的研究领域自主选择课题、举行研讨会、进行学术交流与访问，这种思想的独立性保证了学会产品的高质量和创新性。布鲁金斯学会一直恪守无党派的中立立场，免于沦为某个党派的代言人，它相对中立的态度得到了两党的尊重和信任，吸纳了不同政党、不同信仰的人才，保证了学会的研究成果公正性和客观性，这对于学会的发展和学会信誉的确立至关重要。

（1）组织运作。委员会制度是布鲁金斯学会区别于其他机构的一个显著特色。布鲁金斯委员会成立于 1984 年，其主要成员为对独立的公共政策感兴趣的学会捐赠者，布鲁金斯学会希望这些捐赠者不仅能够了解自己的捐赠使用情况，还能够更加深入地参与学会决策研究的发展与策划过程。布鲁金斯学会为这些委员会成员建立了每年定期参与学会研究与管理的制度，并邀请他们参加学会关于国内和国际政治、经济、社会等问题的研究项目。委员会成员可以与布鲁金斯高级学者、政府官员、商业领袖等对关键性政策问题展开探讨，同时他们的个人背景及经验也会为学者们提供更加广阔的视野。

目前，布鲁金斯委员会发展越发成熟，成立了项目领导委员会和国际咨询委员会两个专项委员会。项目领导委员会主要是为委员会成员提供一个与高水平研究团队交流的平台，其主要职责有二：一是为学会重要项目提供经费支持，以保障项目或计划的顺利推进；二是提供智力支持，委员会成员结合自身不同的行业背景和经验，为研究项目的设计提出有价值的建议。国际咨询委员会旨在支持布鲁金斯学会发展成为全球智库，帮助学会与各国公共和私营机构领导人创造有意义的对话平台，加强与其他国家的联系，以延伸服务范围。目前，国际咨询委员会的委员分散在五大洲的 18 个国家，他们对美国及其政策在当前区域的影响力做出客观审视及评判，提出面向所在区域发展的独特见解。

布鲁金斯学会通过"议程设定、引领讨论、设计政策"塑造对美国政治生活的影响力。在议程设定阶段，布鲁金斯学会通过与各种政府机构、企业界、非营利组织、主流媒体、研究者以及学术界进行沟通，提出一些新的观点来激发公众的关注和重视；在引领讨论阶段，当某个特定议题得到充分关注后，布鲁金斯学会就会采取措施来主动引领与其相关的讨论，主要有两种措施：一是学会学者有针对性地接触一些特定的决策者，二是学者会为主流媒体提供观点文章，或定向对有影响力的听众做演讲；在设计政策阶段，布鲁金斯学会的学者以服务特定领域的高层决策者或立法者为目标，有针对性地提供研究和政策建议，包括撰写政策文章、召开有政府官员或决策者参与的非公开研讨会、在国会听证会上提供证词等。

（2）质量管理。布鲁金斯学会允许其研究人员在外从事其他工作，但为了避免研究人员因外部讲学、研究或者担任管理职位与其在学会内部从事的研究工作产生冲突，布鲁金斯学会要求研究人员每年在年终报告中披露自己的外部活动，并专门成立了利益冲突和评审委员会来进行利益冲突管理，当研究人员的直接主管不能解决利益冲突问题时，该评审委员会就会进行干预。利益冲突管理机制确保研究人员不被过多的外部利益所牵制，保证对自己的研究项目投入足够的时间和精力，能直接有效保障研究成果的质量。

禁止学术不良行为是布鲁金斯学会保障其研究成果质量的另一举措，学会主要通过检举和调查对抄袭等学术不良行为进行监管。任何人都可向会长检举任何研究人员的学术不良行为，接到检举后，会开展为期三十天的调查，这期间，检举人将受到保护，被检举人不可查阅被检举的报告并进行抗辩，调查结果会及时告知检举人。

与各个领域的专家、学者、智库、组织、政府官员等进行学术交流是布鲁金斯学会保证其研究成果的前瞻性、权威性和高质量的重要手段。一方面，学会每年针对各界共同关注的问题在全世界各地举行百余场研讨会，为各领域专家、学者搭建观点交流和深入沟通的平台，也为自己的研究人员拓展研究深度和广度创造了条件；另一方面，学会会长每月主持召开一次形势研究会，常常邀请政府首脑共同探讨国际国内发展形势和相关的问题，加强学会研究的针对性和权威性。

二、日本国际问题研究所

日本国际问题研究所（The Japan Institute of International Affairs，JIIA）成立于 1959 年，由日本前首相吉田茂仿效美国对外关系协会和英国皇家国际事务研究所建立，首届主席由吉田茂亲自担任。成立伊始，日本国际问题研究所隶属于日本外务省，后于 2012 年变更为公益财团法人的性质。

日本国际事务研究所致力于进行有关日本外交与安全方向的研究，并提出了许多具有影响力的政策建议。日本国际问题研究所的章程表明，其主要目标是对国际事务进行研究，并对日本外交政策进行科学分析审视，从而提供具有建设性的政策意见和建议；传播国际事务知识，鼓励日本各个大学及研究机构参与到国际事务的研究中来；协助形成有利于日本的国际舆论，确保日本外交事务正确发声；促进世界和平繁荣与发展。

日本国际问题研究所通过与世界其他高端智库合作举办各类关于日本外交和国防政策的专题研讨会和高端对话，引起较大国际反响。日本国际问题研究所还积极与日本国内外大学、研究所等机构就国际问题进行对话与交流，研究《全面禁止核试验条约》（CTBT）相关项目，通过讲座、演讲、圆桌论坛以及电子媒介、杂志和书籍的出版及发行在国内外传播国际事务知识，以及从事其他必要研究项目。

日本国际问题研究所共有 120 位公司会员及 540 位个人会员，企业会员包括了日立、东芝、三菱、住友、读卖等各大日企，个人会员主要为研究人员，根据会员等级的不同，包含了活动邀请、电子杂志阅读、数据库资料下载、讲座视频观看、与外国智库交流机会、会员价购买出版书籍，以及研究所内图书馆的使用等不同权益。日本国际问题研究所的研究员来自立命馆大学、新潟县立大学、成蹊大学、庆应义塾大学等著名高校，资金来源主要为日本政府补助，另外还有企业及其他机构和个人所缴纳的会费、发行出版物所获收益，以及通过特殊补贴获得的其他收入。

三、全球化智库

全球化智库（Center for China and Globalization，CCG）成立于2008年，是中国领先的国际化社会智库，总部位于北京，在国内外有十余个分支机构和海外代表，拥有全职智库研究和专业人员百余人，致力于全球化、全球治理、国际经贸、国际关系、人才国际化和企业国际化等领域的研究。

成立十余年来，全球化智库已成为行业内颇具影响力的推动全球化发展的重要智库。全球化智库是中联部"一带一路"智库联盟理事单位，财政部"美国研究智库联盟"创始理事单位，拥有国家颁发的博士后科研工作站资质，是中央人才工作协调小组全国人才理论研究基地，人社部中国人才研究会中国国际人才专业委员会所在地，是被联合国授予"特别咨商地位"的唯一中国智库。

全球化智库的组织架构分为咨询委员会和研究中心。全球化智库咨询委员会由其定向邀请的国内外最具影响力的人士组成，目前，全球化智库咨询委员会已拥有百余位具有国际视野、智库情怀的各领域知名企业家精英和跨国公司高管，委员会理事们不仅为智库提供支持，同时为智库研究提供了丰富案例。全球化智库一直以来积极为理事搭建丰富的交流沟通和建言献策平台，旨在聚集理事的思想智慧为国家和社会的进一步发展建言献策，也助力理事企业等全球化主体积极应对新形势下的挑战。

全球化智库研究中心目前拥有全职智库研究人员和专业人员百余人。在广州、青岛、深圳—东莞成立了三个研究院，在上海、深圳、成都分别设立了上海分会、深圳分会和成都分会，成立了一带一路研究所、世界华商研究所、华人华侨研究所、中国移民研究中心，并在华盛顿、纽约、伦敦、法兰克福、巴黎、悉尼和里约热内卢等地设立了海外代表，是国内外研究网点最多的中国社会智库。全球化智库在注重自身研究人员培养的同时，还邀请了一批在政界、企业界、智库和学术界等领域具有广泛影响力的海内外知名人士担任顾问，为智库研究和智库建设提供指导。全球化智库还聘请了政府部门前资深决策者担任其高级研究员，不断提升研究力量和政策建言话语水平。

第六节　企业智库

一、企业智库的诞生及发展

现代企业智库的原型源于日本。二战以后，日本经济起飞，涌现出一批世界级大型制造企业和金融集团，这些企业集团在日本经济中具有一定的垄断地位，有的是财阀本身，有的是财阀下属核心企业，往往是影响日本产业发展的关键力量。对于这些企业而言，情报收集分析、竞争战略制定、产业经济及政策的研究等工作不仅事关企业自身的生存发展，还深刻影响着日本相关产业的整体发展。然而，二战后的日本大学相对封闭、咨询行业也不够发达，日本企业界的发展需求无法从市场上得到满足。于是，到了 20 世纪 80 至 90 年代，日本金融业、保险业、制造业等行业内的大型企业开始创办自己的研究机构。日本的企业智库以营利为目的，实行企业化运作，由一家或多家企业担任股东，属于营利性社团法人（企业）。野村综合研究所、三菱综合研究所、大和总研、日本综合研究所等是日本企业智库的典型代表。

在我国，企业智库的诞生最初同样定位于企业发展。在企业创立初期，由于业务条线简单、管理层级较少，管理层容易掌控企业运营状况。但是，随着企业规模扩大、业务复杂度提升，企业面临的复杂情况往往会让决策者深感棘手，需要智库为其提供决策参考。与寻找外部参谋相比，企业内设智库对其自身情况更为了解，能为企业提供个性化、持续性的服务，研究成果更贴近企业实际需要，并且有利于企业保护自身的知识产权。同时，企业智库还能够通过对外合作，成为连接企业与政府、社会的桥梁，譬如通过输出成果，为行业发展争取优惠政策、创造良好制度环境等。

近年来，我国企业智库进入快速发展期。2015年12月，中国石油经济技术研究院作为企业智库，入选国家首批25个高端智库建设试点单位。2019年3月，上海社会科学院智库研究中心发布的《2018中国智库报告》共罗列了509家智库，其中有36家为企业智库，占比达到7.1%。2020年4月，清华大学公共管理学院发布的《智库大数据报告（2019）》公布了50家优秀企业智库以及社会智库，包括阿里研究院、百度数据研究中心、苏宁金融研究院、腾讯研究院等。

我国企业智库主要以央企智库和大型民营企业智库为主。近四分之一的央企在总部层面设立了智库，大部分智库设置独立、职能完善，以研究院、研究中心的形式存在，有6家企业智库属于总部机关部门，更加强调服务总部、服务内部的功能。此外，一些央企在总部层面没有成立智库，但在下属业务板块中有类似智库的研究机构存在，如保利集团在旗下的保利地产中设置了地产投资顾问研究院。另一方面，我国大型民营企业也纷纷成立了自身智库，最具代表性的是互联网企业智库，如阿里研究院、腾讯研究院、京东研究院等。这种类型的企业智库一般级别较高，以独立研究院的形式存在，智库领导层一般由集团副总裁担任，依靠自身企业的大数据系统，集中研究与企业相关的产业及政策。以腾讯研究院为例，其成立于2007年10月，是腾讯公司设立的社会科学研究机构，旨在依托腾讯公司多元的产品、丰富的案例和海量的数据，围绕产业发展的焦点问题，通过开放合作的研究平台，汇集各界智慧，共同推动互联网产业健康、有序地发展。研究院下设法律研究中心、产业与经济研究中心、社会研究中心、犯罪研究中心、安全研究中心、专利与创新研究中心、"互联网＋"创新中心，并设有博士后科研工作站。

二、野村综合研究所

野村综合研究所（Nomura Research Institute，NRI）是日本首个民间智库，其前身是日本证券业巨头——野村证券下设的公司调查部，彼时，野村证券调查部承接的各类商业委托项目越来越多，为高效完成课题研究，调查部借鉴欧美智库经验，形成了系统化的调研体系，由野村证券创始人野村七德于1965年正式创设。

野村综合研究所是一家世界级的咨询和智库机构，作为日本规模最大的营利性智库，研究所不仅专注金融领域，还涉及经济、文化、社会等诸多领域。1988年，野村综合研究所将野村电子计算中心并入，IT业务咨询成为其主营业务，野村综合研究所成为兼顾调研、IT服务功能的智库，其核心业务包括了咨询、金融领域IT解决方案、产业领域IT解决方案以及IT基础服务四大内容。其中，咨询业务包括企业的战略制定、业务改革，政府部门的政策制定及行政改革，以及IT资产评估和IT战略制定等内容；金融领域的IT解决方案包括证券业基础设施系统的研发使用、银行业ATM和网上银行业务的系统建设、保险业合同管理及客户管理的系统支持、资产管理公司的资本运作业务等；产业领域包括POS机系统和营销系统的管理分析、保健领域的IT发展战略及业务优化方案、制造业和服务业的商务解决方案；IT基础服务则是提供支持服务器、网络维护更新与安全运营的解决方案、为企业提供系统安全运营的基础架构等内容。由于出身于野村证券的原因，野村综合研究所金融IT解决方案占总销售额的53%，产业IT解决方案占总销售额的30%，是其两大支柱业务。

野村综合研究所积极践行"未来创发（dreaming up the future）"以及"长期为客户的业务提供服务支持进而改变社会"的智库理念，通过灵活应用海外先进商业模式和尖端技术来拓展全球业务，不断充实强化各个类型的高级知识产权，以"综合解决方案"的模式助推客户业务发展，以及在保证高质量研究的基础上追求商业模式的变革和创新。

野村综合研究所在组织管理方面提出了很多先进办法。在绩效考核方面,野村综合研究所对研究人员的评价主要基于业绩、能力,打破了日本企业长期以来实行的终身雇佣制和论资排辈的旧规。在组织结构方面,野村综合研究所设有东京总部、镰仓总部,前者主要负责金融证券业务,后者负责国内外政府、公共团体、企业的委托研究课题。基于双总部策略,野村综合研究所一方面成为金融机构和企业商业项目的重要咨询机构,一方面也成为日本政府制定政策、战略的"智囊团"。

迄今为止,野村综合研究所深度参与了日本政府大量重要研究课题和政策制定过程,为政府出台解决经济社会问题的相关政策提供了重要参考。此外,为适应日本经济对外发展需要,野村综合研究所还大力拓展海外咨询业务,在纽约、伦敦等地设有分支机构。野村综合研究所成功预测了大阪世博会人数、完成了7-11 系统的研发与运用,还完成了上海虹桥机场综合交通枢纽的开发项目。日本政府根据其研究报告提出电视机出口鼓励政策,在外贸领域获得巨大成功。

三、兰德公司

兰德公司(RAND Corporation)正式成立于 1948 年,是目前美国国家安全和公共福利方面最重要的非营利性跨学科分析咨询研究机构。兰德公司旨在从美利坚合众国的公共福利和安全出发,进一步促进科学、教育和慈善发展,通过研究和分析实现帮助改善政策和决策的使命。

从成立之初到 20 世纪 50 年代末期,兰德公司主要为美国国家安全和民间机构提供科研服务,研究的范围主要有国际关系、火箭卫星技术、原子武器等方面。20 世纪 60 年代,兰德公司主要在当时刚刚萌芽的互联网电信技术领域开展研究活动。到了 70 年代,兰德公司建立了自己的研究生部,用于培养教育政策研究精英,目前已经是全世界政策分析领域的顶尖学府。1973 年,兰德公司创立了兰德基金，主要目的和职能是资助新兴领域的研究，同时鼓励创新。其后，又建立了司法研究所。到了 80 年代，兰德公司欧洲分部科学技术研究所成立，并且开始涉足针对私人部门的长期服务。截至上世纪末，兰德公司相继成立了匹兹堡分部、卡塔尔政策研究所以及兰德海湾国家政策研究所。兰德公司擅长综合性和预测性战略研究，70 余年来做出过不少精确预测，出版了大量优秀的研究报告，打造出著名的兰德品牌，被誉为现代智囊的"大脑集中营"和"超级军事学院"。

兰德公司一般通过签订合同的形式与客户建立服务关系，其中有很多合同来自美国联邦政府，美国国防部、卫生部、人力资源部、教育部、国家科学基金、国家医学研究院、统计局等都是其服务的客户。兰德公司和上述许多客户有着 3~5 年的长期合同或每年更新的短期合同，合同金额达数千万美元，每年约有 700~800 个项目同时进行。除了大部分根据长期合同和政府预算来安排的政府项目外，还有部分是兰德公司认为有意义或会造成重大影响而自主选择的项目。对后一类项目，兰德公司会在项目开题后向潜在用户进行推荐和销售，或在研究结束后动员用户来购买研究成果。一般情况下，兰德公司会向项目委托人提供多达 5 个决策咨询备选方案，并将每一种方案在政治、经济、公共关系等方面可能产生的后果及利弊一并告知用户，为决策者提供科学、客观、公正而全面的决策建议。不同决策者会根据这些备选方案做出差异化决策，从而也将得到不同的结果。

兰德公司的人才队伍由其高素质的全职员工和特约专家组成，现有全职员工约 1600 名，其中约有 800 名专业研究人员，另有在社会上聘用的约 600 名国内知名教授和各类高级专家担任特约顾问和研究员，他们的主要任务是参加兰德的高层管理，并对重大课题进行研究分析和成果论证，以确保研究成果质量及权威性。

兰德公司内部设置了审查机制，每 4~5 年会对某一研究分部进行审查，以评判其研究价值。兰德有一套内部质量标准，公司要求审查人员按这套质量标准审查研究人员的研究结果。审查流程首先是由该研究分部的管理层对自己部门的研究进行质量审查，然后交由项目审查团队进行审查，项目审查团队由 3~4 名兰德内部专业研究人员和 1 名外部人员组成。

四、国网能源研究院

国网能源研究院有限公司（简称"国网能源院"）是国家电网有限公司智库建设的主体单位，于 2009 年正式成立，是国家电网有限公司系统内从事能源电力软科学与企业战略运营管理研究的知名科研机构。国网能源院的前身可以追溯到 1984 年成立的北京水利电力经济研究所，30 多年的历史沉淀为其研究工作奠定了良好的基础。根据国家电网有限公司战略目标，国网能源院确立了世界一流高端智库的建设目标。国网能源院立足国家电网有限公司，服务国家能源战略，服务能源电力行业，服务经济社会发展。

国网能源院主要承担理论创新、战略创新和管理创新的研究职责，为国家电网有限公司战略决策和运营管理提供智力支撑，为政府政策制定和能源电力行业发展提供咨询服务；将持续深化贯彻中央决策部署研究、公司发展战略研究、公司改革方案研究、公司转型创新研究、电网发展升级研究作为主攻方向。业务范围涵盖能源电力发展与能源经济研究、能源体制机制与政策研究、电网发展与管理决策支撑研究、企业发展与管理决策支撑研究 4 大研究领域，涉及能源电力发展战略与规划、企业发展战略与规划研究等 30 个专业研究方向。

国网能源院共有员工近 500 人，研究力量强大，研究成果丰硕，研究实力在国内能源电力软科学研究机构中名列前茅，研究专报得到中央领导批示，政策建议得到政府部门采纳。国网能源院入选国家能源局首批研究咨询基地，成为央企智库联盟首届理事长单位支撑机构，连续两年入围上海社科院发布的"中国智库影响力排名"名单，入选中国社科院"中国核心智库"，入选《光明日报》和南京大学发布的中国智库索引（CTTI），连续两年入选"全球最佳科技政策研究智库"榜单。

国网能源院是国家电网的全资子公司，公司制的管理模式更具激励性，也对研究院的发展起到助推作用。国网能源院研究态度开放，积极与国际知名机构、国内权威机构、高校等进行合作交流，构建开放协同、共享融合的研究格局。目前，国网能源院已经是世界银行、亚洲银行注册咨询单位，并入选成为国家能源局第一批研究咨询基地。

五、中国石油集团国家高端智库研究中心

中石油经济技术研究院（简称"中石油经研院"）是中国石油集团公司直属的科研院和主要从事发展战略研究的重要决策支持机构，是首批国家高端智库建设试点单位和国家能源局首批研究咨询基地。中石油经研院于 2012 年开始探索企业智库建设，并取得一定成效；2020 年 3 月，中国石油集团批准成立了中国石油集团国家高端智库研究中心（以下简称"智库研究中心"），围绕中国特色新型智库建设目标，立足"能源"和"企业"特色，根据国民经济、社会发展和改革创新的需要，围绕能源战略与能源安全、"一带一路"能源合作、国有企业改革发展、国有企业党建工作等研究领域，提供具有前瞻性、战略性和针对性的研究咨询服务。

智库研究中心背靠中国石油集团，依托中石油经研院，作为国家高端智库建设的具体实施平台，实施开放式管理，集中内外部研究力量，推进资源对接、创新协同、信息共享，催生高水平、特色化智库成果。中国石油集团成立国家高端智库建设工作领导小组，集团公司董事长、党组书记亲任领导小组组长，增配专门机构、专项经费和人员编制。

智库研究中心立足特色领域，提升咨政建言的战略性和前瞻性。增强对国家层面的决策支持，按照国家高端智库选题要求，承担涉及全局、长远的重大战略

性、方向性问题研究；主动加强与中央决策部门联系，提供有效服务，寻求指导帮助，积极参加中央决策部门举办的论证会、研讨会、咨询会等，在信息共享、合作研究、人员交流等方面，建立稳定、常态、畅通、直接的对接机制，实现供适所需、良性互动；加强集团内部的决策支持、信息咨询及管理服务，针对事关公司发展全局的企业战略、油气市场、国际化经营、科技创新等基础性、战略性问题进行分析研判，有效推动公司战略落地。

智库研究中心通过积极搭建开放式研究平台，加强与中央决策部门和其他智库机构对接，统筹协调总部机关、直属科研院所等集团内外部力量，整合多方资源，形成了独具特色的高端企业智库运行管理体系：产学研用优势互补，把研究"孤岛"变为智慧"群岛"，形成"小机构、大网络"的整体格局；发挥中国石油集团和中石油经研院现有平台优势，联合国内外能源行业以及中央企业，协力建设国家高端企业智库；以内部专家团队为基础，采用专职与兼职相结合、"走出去"与"引进来"相结合、"引援"与"挖潜"相结合等方式，建立了包括"两院"院士以及国内外知名专家学者、政府官员、企业家、媒体人等在内的高素质研究团队，打造了开放、竞争、流动、专业特色明显的智库人才格局。

智库研究中心大力培养智库名家，鼓励对外交流合作，提升社会影响力和权威性。一是着力培养具有国际影响力的知名专家。在能源战略与能源安全、能源地缘政治、能源外交、能源市场、企业改革、"一带一路"能源合作等优势特色领域，培养了一批具有国际视野、熟悉国际规则、掌握国际交流技巧的权威专家；通过选派青年骨干到国际机构工作、到国外培训、到大学深造等方式，着力培养具有国际影响力的青年专家。二是加强智库对外传播能力建设和对外话语体系建构，利用各种传播媒介和国际场合，积极主动发声。围绕我国主场外交，精心组织配套智库活动；积极与国内外知名机构共同举办各类交流活动，深入参与国内外能源转型和全球能源治理政策对话。三是精心打造对外交流合作品牌。组织国家高端智库经济形势研判会商会、国际能源发展高峰论坛、进博会中国石油国际合作论坛、亚洲天然气市场论坛、全国石油经济学术年会等重大会议，发布好行业报告、科技报告、能源展望、油气价格指数等重大成果，开展多语种研究，发布的年度世界能源数据统计、石油工业统计、石油公司数据手册等多语种成果，已经成为业内知名研究品牌。

智库研究中心发挥战略谋划能力、智能分析能力和快速反应能力，强化科研基础、培育高端人才、产出高端成果，开发了一系列以信息报道、数据统计、专题分析和综合研究报告为代表的优势特色产品，取得了显著的工作成效，有多份研究成果获中央领导重要批示，数十项研究课题获省部级科技奖励，大量观点建议被国家有关部委采纳应用，发挥了重要的决策支持作用。

六、阿里研究院

阿里研究院成立于 2007 年，发轫于网商研究，是国内互联网企业首家内设智库。成立以来，阿里研究院扎根阿里巴巴数字经济体丰富的商业生态，依托海量的数据和案例，与业界顶尖学者、机构紧密合作，贴近消费者和企业，迅速感知行业变化，推出多个创新性数据产品、大量优秀信息经济领域研究报告，以及数千个经典小企业案例。

阿里研究院成立的十余年间，见证、参与并推动了电子商务和数字经济的发展，已成为国内外数字经济和数字治理研究领域具有广泛影响力的企业智库。在宏观经济、新消费与新零售、新金融、互联网与高科技、涉农、物流与供应链、"互联网＋"制造业、生态系统与服务业、全球化与世界电子贸易平台、创新创业、就业、财税、数据经济与前沿技术、数字经济新治理等领域取得丰硕的成果。除服务商业客户外，阿里研究院还深层次地参与到政策制定之中，2015 年底，商务部启动"十三五"电子商务发展规划研究工作，阿里研究院作为专业研究机构被列入编写工作组。

阿里研究院学术委员会于 2015 年 7 月 13 日在北京成立，第一批学术委员共 13 人。研究范围涵盖了信息社会、复杂科学、经济学、法学、哲学、制度、创新、金融、数据、市场、小企业、国际商务和互联网思想等多个领域。以新经济领域一批有影响力的权威专家组成，主要负责审议阿里研究院远景规划和重大课题，评议合作研究和活水计划成果，从学术理论和行业影响力方面不断提升阿里研究院的品牌。

阿里数据经济研究中心于 2015 年 6 月成立，协同国内外关注 DT（Data Technology）时代的各界研究力量，研究数据产业发展脉络、数据市场与交易、数据产业的经济贡献、各领域的数据化、数据开放与安全、数据应用与保护、数据政策与法律等问题，探索 DT 时代微观层面上的商业模式与组织模式创新、中观产业层面上的 DT 化进程，以及 DT 与宏观经济、社会治理之间的关联互动机制，与社会各界共同推动数据经济的健康发展。

阿里跨境电商研究中心于 2015 年 6 月成立，围绕与跨境电商相关的货物贸易、服务贸易、金融、物流、投资、消费、税收、数据、文化、信用、人员移动、竞争政策、知识产权、消费者权益等，通过智库平台建设，汇集广大专家学者、政府代表、业界人士的智慧和力量，全面提升消费者福利，更好促进广大中小企业发展，共同推动中国跨境电商蓬勃健康发展，推动建设"面向未来、开放繁荣、普惠共享"的全球电商生态体系。

第四章 | **企业智库定义和建设路径**

第一节　学术界关于企业智库的争论

智库类别的划分随着时空变化而发展，企业智库的定义也不是一个固定、僵化的概念。由上海社会科学院编写的《2015 中国智库报告》将我国智库分为 4 类，分别是党政军智库、科研院所智库、高校智库、社会智库，企业智库并未单独类别。然而《2016 中国智库报告》就已将我国智库分为了 5 类，单独列出了企业智库这一类，反映了随着时间推移，学术界对企业智库的理解发生了变化。尽管企业智库已经作为现代智库一种客观类型，但其目前并无严格明确的定义，其内涵和外延也存在着一定争议。对比国外的企业智库形态，日本企业智库往往集政策研究、管理咨询、IT 系统集成服务于一体，我国企业智库更侧重于企业战略、行业研究等，这反映了企业智库在国别上的差异。在我国学术界关于企业智库的概念有以下具有代表性的研究。

从企业智库的服务对象来看，学者们普遍存在以下两种观点。一种观点认为"企业智库是企业的智囊机构，立足于企业的业务领域，为企业自身发展提供决策支持与运营管理支撑。"这是从企业内部视角看待企业智库定位的最直接看法，认为企业智库为企业自身服务是首要任务。另一种观点认为"企业智库服务的对象除了企业，还有媒体、社会大众、政府部门和国际组织，在社会、经济、产业、政治、环境等方面有自己独特的研究视角和研究方法，产出大量的研究成果，为社会和政府提供有价值的咨询和建议，发挥咨政建言、产业创新、决策支持、舆论引导、社会服务以及公共外交等功能。"该观点既肯定了企业智库必须服务企业决策，也将智库放在完善国家决策咨询体系建设的外部视角中进行考虑。

从企业智库的特征判别，企业智库之所以区别于咨询公司、投研机构等组织，学者们的观点普遍聚集在企业智库的独有特征上面。一些观点认为，企业智库需要具有"公共性"和"外部性"才可以被称为"智库"，主要体现在三个方面：一是研究议程，企业智库开展的政策研究是公共政策研究，不全是企业自身的发展政策，这些研究可以增进整个社会福祉，也就是说企业智库具有"外部性"。二是透明性，企业智库也向社会公开自己的理事会、学术委员会、研究团队信息，社会公众从这些公开信息上可以判断企业智库的政治、行业和社会背景，从而在一定程度上判断企业智库是否客观中立，是否代表利益集团。三是研究报告的公开获取性，企业智库的研究报告大部分是可以从网站等公开信息渠道被公众无偿获得的，这就是研究报告的无差别获取性。基于此，李刚等学者进一步为企业智库下了定义，即"企业智库是企业创办的关联机构，可以是独立法人实体，也可以是非法人实体，公开自己的治理结构和研究员信息，从事和企业相关行业有关的公共政策研究咨询，并向社会无差别无偿提供研究成果和事实数据的研究机构。"

同样从企业智库的特征判别，还有一些观点认为，判别某个研究咨询机构是否为智库，主要有以下三个维度：①是否由企业创办，企业智库必须是企业创办的，但企业创办的研究咨询机构不全是企业智库，如研究开发（R&D）机构；②是否具有智库功能，即智库是否满足国家战略、公共政策决策的需求，主要包括咨政建言、理论创新、舆论引导、社会服务以及公共外交等，企业创办的智库如果仅为创办企业服务，就不是企业智库，如证券公司的研究部门从事证券投资业务的产业、市场、企业及项目研究，但仅为证券公司及其客户服务，因此不属于企业智库；③是否具有营利性，营利性的研究咨询机构不是企业智库，但企业智库可以通过承接研究合同、提供咨询培训服务以及销售出版物等方式获得经营收入。由此，柯银斌、马岩等学者提出，"企业智库是指由企业创办的具有智库功能的非营利研究咨询机构，通常以企业字号为智库的字号，无论是否采取企业法人的法律形式。"

第二节　对企业智库的理解

一、企业智库的定义、内涵及辨析

企业智库的定义应该放在当今中国的背景下探讨，具体来说，中共中央办公厅、国务院办公厅 2015 年印发的《关于加强中国特色新型智库建设的意见》为此提供了讨论的框架。该意见指出："中国特色新型智库是以战略问题和公共政策为主要研究对象、以服务党和政府科学民主依法决策为宗旨的非营利性研究咨询机构"，企业智库作为中国特色新型智库的重要组成部分，理应遵循以上定位。该意见还指出："支持国有及国有控股企业兴办产学研用紧密结合的新型智库，重点面向行业产业，围绕国有企业改革、产业结构调整、产业发展规划、产业技术方向、产业政策制定、重大工程项目等开展决策咨询研究"，这为企业智库确定业务领域和主攻方向提供了指引。

根据国家政策要求以及学术界的现有研究基础，本书提出企业智库的定义如下：

> 企业智库是由企业所创办的、立足于企业并服务于公共决策制定的非营利性研究咨询机构。

这一定义具有四重内涵：

（1）创办者是企业。这明确了企业智库的建设主体，即必须由企业创办，形式可以是隶属企业的独立法人，也可以是企业分公司或下属部门。

（2）立足企业自身。企业智库由企业创办，不能脱离其出身与背景，主要体现在以下两个方面：一是在研究选题上，主要从企业自身业务背景和经营管理特征出发，与公共决策的需求相结合，聚焦企业转型发展、行业技术进步、产业政策制定等具有战略性、宏观性和普遍性的研究内容；二是在运营上，以企业作为强大的后盾，充分依托企业丰富的专业能力、资料文献、数据资源、人才队伍、合作关系、宣传渠道等，开展智库的相关工作。

（3）服务公共决策。企业智库的根本属性是"智库"，而智库具有"公共性"和"外部性"，这意味着企业智库应超脱企业自身的使命并建立起远大目标，不能仅仅着眼于企业内部，更要放眼于公共利益，充分考虑到智库为国家及社会发展出谋划策带来的长远利益和整体利益，为提高公共决策的科学性作出贡献。

（4）非营利性机构。企业智库的研究支持主要来源于隶属的上级集团或企业、公共资金、各级政府，其开展业务并不以市场化的营利作为根本目的。

为了准确定义企业智库，还需要对以上内涵进行两点辨析。一是服务于公共决策制定并不意味着不能为自身企业服务，宏观及行业政策和企业内部决策之间有很高的相关性，智库可以在支持公共决策的同时，为企业的战略、经营和管理等提供支撑，促进企业更快、更好地发展，反之，企业也能够为智库提供长期、稳定的资源和能力支持；二是非营利性并不意味着智库不能为产品和服务收取报酬，智库创造智力成果要投入人力、物力等资源，收取合理报酬是覆盖实际成本、维持智库合理运转的必要条件。

二、企业智库的特征

企业智库作为国家高端智库建设体系的组成部分，政治性强、社会影响大，其研究工作呈现出一定的综合性需求，最终提出的方案往往也能在复杂问题解决上实现突破。一方面，企业智库面对的是经济、社会、政治、管理等多领域的交叉问题；再者，企业智库研究涉及价值链中的行业前沿、技术创新、应用转化等多个环节；同时，企业智库研究覆盖自然科学、人文社会科学和工程技术科学等科学领域的知识内容。

　　企业智库着眼于国家发展需要和行业前沿问题，区别于以往作用于单一学科、单一领域、单一价值链环节的研究，企业智库能够形成跨学科、跨领域、跨价值链的新认知，为企业所面临的复杂问题给出综合解决方案，从而更好地洞悉行业未来发展趋势，为企业决策、行业政策的制定等提供高质量的决策依据。由此，企业智库呈现出以下六点特征：政治引领、社会促进、企业受益、策略实用、思维创新、专业交叉（见图4-1）。

图 4-1　企业智库的特征

　　政治引领是指企业智库的研究成果着眼于国家发展需要和行业前沿科技，影响政府决策和公共政策制定，具有政治引领特征。社会促进是指企业智库通过影响国家政策的制定，促进行业、社会、科技的进步，使社会效率得到提升。企业受益是指企业自身能从企业智库的工作成果中得到经济、技术、管理等方面的多重效益。策略实用是指企业智库的研究紧扣企业决策需求，立足当前、着眼长远，最终输出的成果策略可落地、实践性强。思维创新是指企业智库具有前瞻视野和创新精神，其在企业管理模式研究上不断突破创新，并能够为科技创新出谋划策。专业交叉是指企业智库自身能力实现了专业交叉融合，研究团队由多学科交叉组成，服务于多个业务领域的交叉问题。

第三节　实体化的组织架构

一、实体化组织架构的内涵

从组织的视角来讲，实体化的组织架构是指组织内部各组成要素及相互联系的方式或框架，具体表现为组织机构设置及组织结构之间的关系形式，其本质是为实现组织战略目标而采取的一种分工协作体系。组织架构主要涉及组织内部的层次划分及其隶属关系、组织内部机构的设立与组织职能的确定、组织内部岗位的设置等。

企业智库是以咨政建言和决策辅助为主要业务的组织，因此，组织架构在总体上应该由支持以上业务开展的职能模块构成，一般来说，无论智库的形式和规模如何，均应包括权力机构、管理机构和研究机构三个组成部分。权力机构是智库的最高决策机构，负责企业智库的人事任免和经营管理决策，对智库整体运行进行监督和控制，使得智库发展维持一个良好的方向和动态。管理机构主要为企业智库的业务开展提供各种辅助性和服务性工作，包括人事、财务、运营等日常管理，以及内外部沟通和联络、媒体宣传、成果推介和转化等。具体到不同形式和规模的智库，其职能模块的组织架构有所差异。研究机构是企业智库生产力的源泉，主要围绕智库的发展目标和定位，以提供智库产品和服务为核心，开展政策、学术、应用、对策等研究。

二、实体化组织架构建设的必要性

在企业智库的发展初期，由于智库业务刚刚起步、规模很小，往往没有形成固化的组织架构和明确的职责分工，没有专职的智库管理和研究人员，而是将智库职能挂在其他部门下，并由该部门的人员兼职承担智库工作。这些智库的挂靠部门，一般本身就负责企业的政策研究、战略规划、内部控制等工作，与智库的职能有一定交叉之处，以企业的战略部、办公室、研究室等部门较为常见。然而，随着智库规模的扩大、业务的增多以及决策支撑深化的要求，以上模式不能适应企业智库的发展，实体化就成为了企业智库的当务之急。开展企业智库实体化建设主要有以下两方面的意义：

（1）实体化是保障企业智库稳健发展的前提。通过实体化，将智库职能分解落实到专门的岗位上，对各岗位的责、权、利关系进行相对固化的安排，明确各岗位的任职资格、关键绩效指标等要求，并为各岗位配备专职的工作人员，规范开展人员的招聘、培训、考核、晋升等工作，能够形成长期、稳定的管理结构和人员队伍，从而为企业智库业务的开展提供坚实的基础，增强其发展的稳健性和可持续性。

（2）实体化是保障智库研究质量的前提。在以往的发展模式下，智库工作主要由员工兼职开展，在承担智库工作的同时还身兼其他岗位工作职责，很难将全部精力投入到智库研究中。此外，兼职人员的职责分工不清晰、工作内容比较繁杂，难以在特定专业纵深领域进行长期积累。企业智库实体化，可以帮助企业形成常驻研究人员队伍，员工在专业化的分工中得以总结和沉淀研究知识、方法和经验，获得专业水平的快速提升，进而从长远上保障智库的研究质量。

三、实体化组织架构建设的总体思路

企业智库实体化建设的过程紧紧围绕智库经营目标和组织愿景，不断探索和优化合理的智库组织架构，使智库能够稳定运行和持续发展。对于企业智库而言，实体化建设应遵循以下几点指导原则。

（1）注重实质、发挥价值。企业智库开展研究不只是一项专业化的研究工作，同时还是一种综合化的系统组织和集成工作。组织架构在其中便发挥了利于企业智库统筹协调研究、发挥整体价值加成的重要作用。在进行企业智库组织架构设计时，应该关注企业智库研究工作的整体价值发挥，推进智库研究工作规范化、标准化和科学化。由于企业智库立足于企业、服务于公共政策制定，无论智库采用什么形式的组织架构，如何划分其管理层级、安排其权责关系、设计其分工协作机制等，均应有效服务于智库开展专业化研究和资政建言活动这一目的，这是组织架构设计的出发点和根本遵循。

（2）因地制宜、动态调整。组织架构是企业智库协调和配置资源、安排和开展工作的重要依托，应从根本上有利于智库的高效运作和健康发展。企业智库并非整齐划一、千篇一律的，而是在形式、规模、定位等方面都具有差异性，与其背后的企业和行业有很大关系。从形式上看，智库可以分为部门型智库和法人型智库；从规模上看，小型智库可能只有十几人到数十人，大型智库却可以达到数百甚至上千人；从定位上看，有些智库立足行业、定位于小而美的专精型智库，有些智库涉猎广泛、定位于大而全的综合型智库。智库的组织架构并不存在统一的标准，而需要根据各自的资源禀赋、发展阶段、特色定位等方面综合考量，选择适合于自己的组织架构。此外，有效的组织架构应该是动态调整的，企业智库应根据所在企业、行业以及国情的发展，适时调整和优化组织的职能、层级及管理关系，以适应外部环境的变化要求。

（3）刚柔并济、协调配合。在组织架构设计中，应注重稳定性与灵活性并存，形成"刚性机构＋柔性团队"分工合作、协同互动的良好格局。刚性机构指成立专门的智库机构，配备专职的常驻人员，依托固定的组织架构开展工作；柔性团队指在公司内外部安排协作力量，配备可临时调遣的非常驻人员，采用灵活的合作机制开展工作。刚性机构满足大多数情况下的研究需求，赋予智库运作的稳定性和连续性，但所需常驻人员数量较多、维护成本较高；柔性团队可根据短期研究需求针对性招揽人员，赋予智库灵活多变的研究能力，且雇佣关系随着研究结束而解除，所需的人员维护成本较低。因此，企业智库根据其隶属关系特性，应将刚性机构与柔性团队相结合，一方面保有正式组织建制的实体化架构，另一方面拥有可扩张、可收缩的柔性人才队伍，是既保障多样化的人员供给，又保持组织不限于臃肿僵化，且合理控制组织维护成本的较优综合方案。

四、实体化组织架构建设的重点举措

（一）权力机构和管理机构

目前企业智库主要有两种形式，一种是企业全资或控股的独立研究所，一般规模较大，称为法人型智库；另一种是企业总部部门，一般规模较小，称为部门型智库。两种类型的不同规模，决定了企业智库在合适的组织架构上有不同的形式。

法人型智库一般采用董事会（理事会）管理下的董事长（或者执行董事、理事长、总经理、院长）负责制，其权力机构为党委会（董事会、理事会），由出资设立智库的上级企业及其他机构委派人员，并邀请外部知名专家共同构成。智库的行政负责人和代表人，通常由具有较高社会声望和影响力的知名学者及政策研究者担任，并通常设立若干个副职管理层辅助。由于法人型智库一般规模较大，因此管理机构和研究机构一般按照细分职能以独立部门的形式存在，完全按照企业化的模式运作。

例如，国网能源院是典型的法人型智库，组织架构见图 4-2，其管理机构包括了办公室（党委办公室）、科研发展部、财务资产部（周转金管理中心）、党委组织部（人力资源部）、党委党建部（党委宣传部、监察审计部、巡察办）5 个部门，研究机构包括了企业战略研究所、能源互联网研究所、能源战略与规划研究所、经济与能源供需研究所、电网发展综合研究所、新能源与统计研究所、管理咨询研究所、财会与审计研究所和能源数字经济研究所 9 个研究所。

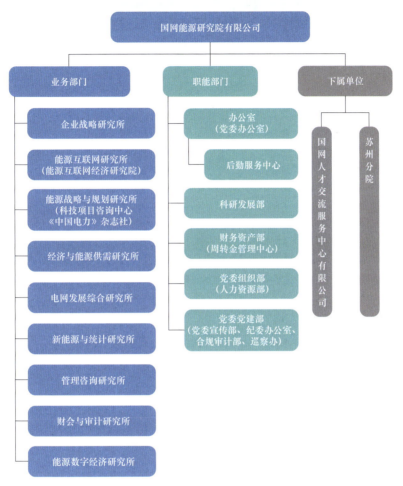

图 4-2　国网能源院组织架构图

部门型智库由于规模较小，其权力机构、管理机构、研究机构的职能虽然存在，但建制简化许多，一般将职能直接落实在具体人员身上。例如，部门主任可认为是智库的权力机构，统筹负责智库重大决策；部门内人员进行简单分工，负责开展行政管理工作和学术研究工作，一人身兼数职的情况也时有发生。

（二）研究机构的组织架构

研究机构是企业智库的核心部门，智库研究人员是其核心资源要素，智库产出的成果是研究人员智慧的结晶，成果质量水平高度依赖于人员的知识积累、经验总结、方法创新、智力投入等，因此，对其研究机构进行组织架构设计是智库实体化建设的重中之重。

按照现代组织理论的观点，智库是一种典型的知识创新型组织，亦即"信息型组织"。传统的科层组织结构和自上而下的集权式管理模式不适用于智库研究的开展。根据本书提出的"刚柔并济、协调配合"这一实体化建设指导原则，建立刚性组织和柔性团队兼备的复合型架构是更优的选择。"主星＋卫星"更适合作为企业智库的组织架构模板，"主星"是组织架构的内核，是由常驻研究人员组成的稳定架构；"卫星"是组织架构的外延网络，是由流动研究团队组成的灵活架构。

1. 组织策略的选择

"主星＋卫星"式的组织架构首先考虑的是，如何确定常驻研究团队和流动研究团队的规模；哪些研究人员适合长期保有，哪些适合临时调动？以上问题可以通过"需求－人员特异性评价模型"来回答。

（1）研究需求特异性分析。胡戈韦弗（Hoogerwerf，A.）提出了具有概括性和通适性的政策过程三阶段论，即政策设计、政策决策和政策实施三阶段。在政策设计阶段，智库主要发挥最为基础的理论支撑和实证指导作用，这一阶段政策制定者往往对现实问题把握不清，需要系统扎实的学习理性支撑以及科学客观的研究调查依据，协助其诊断问题、定义概念、把握政策的方向路径；在政策决策阶段，智库研究主要发挥价值导向作用，帮助政策制定者根据其价值定位来抉择适合的政策方案，以巩固其政策目标并实现其价值理念。在政策实施阶段，智库研究用于评估和反馈政策的效果、发现施政过程中的各种问题，并根据理论研究和调查取证提供可用于解决问题的具体改进策略和优化路径。

根据政策过程三阶段理论，可以总结出智库研究需求的两种类型。①基础性研究需求，主要存在于决策需求提出、方向确认和方案筹备阶段，需要研究相关决策的背景信息、学术依据和理论指导。由于企业智库的决策主题一般集中于特定行业，因此智库需要在该行业的重大领域开展持续性、适度超前、引领型和储备性的学术理论探索和实证调查研究，为政策设计提供长线、积累性的指导和智力支持。尽管这些研究成果未必能够短期内直接转化为决策，但其奠定的理论和实践根基直接影响政策设计科学性和合理性，具有较强、持久稳定的积累效应。②特定问题导向的研究需求，主要存在于决策方案设计及评估、方案实施及效果反馈阶段，需要聚焦决策关注的特定问题，研究形成具有针对性、适用性及创新性的解决方案，为决策者提供具体、明确的策略建议及政策指引，并通过开展实地调查、现场取证、数据分析等工作，以客观、中立的立场评估政策的实施效果，提供政策改进建议。这类研究需求主要以短期项目或课题的形式存在，因此智库需要在课题开展期间开展问题导向的个性化研究，并随着课题的结束而终结研究。

（2）研究人员特异性分析。赫伯特·亚历山大·西蒙（Herbert Alexander Simon）指出，在设计组织架构的过程中可以将组织细分为三个过程，即非程序化决策、重复化决策和基础性工作，三种过程的难度逐级递减，胜任三种工作对人员的要求也逐级降低。根据该理论，我们可以将智库研究团队划分为三类。①核心研究人员通常是某领域的学术带头人，具有较深的专业积淀和研究经验，能够担任课题的负责人，能够根据课题的需求，针对性提出研究思路、技术路线、研究方法等。②通用研究人员通常是某领域的骨干研究人员，在某个细分领域上具有一定专业积淀和研究经验，能够熟练运用已有研究方法和工具，独立完成课题切分出的较小研究单元。③常规辅助人员通常是刚刚入门的初级研究人员，尚不具备独立的研究能力，主要完成核心研究人员、通用研究人员交办的事务型工作，如资料收集、资料整理、调研访谈、数据收集和分析等。其中，核心研究人员对应着非程序化决策，通用研究人员对应着重复化决策，常规辅助人员对应着基础性工作，这三类人员在智库团队中的重要性和不可替代性逐级降低。因此，对于智库而言，最宝贵和难以替代的是核心研究人员，这类人员的数量和质量决定了智库的核心竞争力，也是智库打造品牌特色的关键所在。

（3）需求－人员交叉分析及策略建议。需求特异性分析从智库定位角度回答了如何确定常驻研究团队和流动研究团队数量的问题，人员特异性分析从智库核心竞争力角度回答了人员分类施策问题，为智库队伍组织建设提供了策略建议。

从研究需求角度看，智库研究以课题为主的程度越高，则其研究需求的特异性越强，其对人员数量弹性和专业多样性的要求越高，越适合于维持小规模的常驻团队，并大量采用流动研究人员；反之，智库研究以基础性研究为主的程度越高，则其研究的特异性越弱，对人员数量稳定性和专业精深性的要求越高，越适合于维持大规模的常驻团队，并补充少量的流动研究人员。

从研究人员的角度看，智库构建常驻团队时，应围绕自身定位的专业领域，根据研究深度分级别培育人员。重点保有核心研究人员，形成充足的高质量人员储备，筑牢自身队伍优势的护城河；适度保有通用研究人员，为核心研究人员开展研究提供良好支撑，同时注重通用人员培养，促进通用研究人员提高自身能力水平，加速向核心研究人员转化；少量保有常规辅助人员，选人时重点观察其发展潜力，并通过团队培养促进人员升级。

2. 典型的组织模式

根据研究需求特异性和人员特异性分析，企业智库在不同的阶段及形态下，应具备不同的团队组织策略（见表 4-1）。

表 4-1　　　　　　　　　　典型智库的人员组织模式

模式	服务型智库	领域专精型智库	综合型智库
规模	小规模	中等规模	大规模
适用类型	部门型智库	法人型智库为主	法人型智库
服务对象	• 服务于企业内部高层决策	• 服务于企业内部常规性的高层决策 • 接受更多委托开展课题研究	• 业务市场化

模式	服务型智库	领域专精型智库	综合型智库
研究重点	• 对特定领域进行持续关注和热点跟踪 • 保障策略和建议的前瞻性、科学性和适用性	• 致力于在某些领域达到行业领先水平	• 面向社会开展更多的课题研究 • 公开发布更多的研究成果，以实现更大范围的影响力
人员组织	• 保有由核心研究人员构成的常驻团队 • 注意精简常驻人员数量	• 优化常驻团队结构、确保团队实力 • 根据承接课题的领域方向及数量，灵活补充短期流动人员	• 在多个领域都长期保有大规模的常驻团队，核心研究人员、通用研究人员和常规辅助人员的数量合理，人员培养、晋升渠道畅通，形成动态平衡的完整人员梯队 • 与机构外人员保持长期的合作关系，建立人员招收和派出的长效机制，形成充满活力且优质稳定的"人员流"

（1）小规模服务型智库。这类智库以部门型智库为主，主要服务于企业内部高层决策，向公司党委会、董事会、理事会等决策机构提供决策所需的背景资料、外部形势、先进经验等，并形成策略和建议。该类智库的研究重点是对特定领域进行持续关注和热点跟踪，以保障策略和建议的前瞻性、科学性和适用性，因此需要保有由核心研究人员构成的常驻研究团队，但应注意精简常驻人员数量，以控制机构体量、缩减不必要的开支。

（2）中等规模专精型智库。小规模服务型智库经过发展，通常演化为中等规模的领域专精型智库。从形式上看，这类智库以法人型智库为主；从业务上看，智库除了服务于企业内部常规性的高层决策，将接受更多委托开展课题研究，并形成专门的研究报告；从定位上看，智库往往立足于行业，致力于在某些领域达到行业领先水平。因此，这类智库应根据专业领域采用区别化的人员组织模式，关键在于优化常驻团队结构、确保人员实力。针对重点定位领域，需要保有大量常驻的核心研究人员，能够长期、稳定地为智库服务，保障智库研究处于行业前沿水平；针对非重点定位领域，可以保有少量常驻的通用研究人员。此外，智库可随时根据承接课题的领域方向及数量，灵活补充短期流动人员。

（3）大规模综合型智库。中等规模的领域专精型智库经过发展，其优势领域得到巩固后，可以进一步扩张触角，打造更多领域的研究能力，且业务上的市场化程度进一步提高，面向社会开展更多的课题研究，公开发布更多的研究成果，以实现更大范围的影响力。这类智库几乎均为法人型智库，在多个领域都长期保有大规模的常驻团队，核心研究人员、通用研究人员和常规辅助人员的数量合理，人员培养、晋升渠道畅通，形成动态平衡的完整人员梯队。此外，其开放性进一步提升，出于进行资源交流、建立关系网络等目的，可与机构外人员保持长期的合作关系，建立人员招收和派出的长效机制，形成充满活力且优质稳定的"人员流"。

3. 典型的组织架构

在现代管理学中，企业常见的组织架构分为直线职能型、事业部型、矩阵型、扁平化组织架构、网状组织架构等（见表4-2），以上组织架构各有优劣及适用条件。

表 4-2　　　　　　　　　　典型组织架构类型

类型	直线职能型组织架构	事业部型组织架构	矩阵型组织架构	扁平化组织架构	网状组织架构
特点	直线领导机构和人员，按命令统一原则，对各级组织行使指挥权 职能机构和人员，按专业化原则，从事组织的各项职能管理工作	按照组织各分支使命的不同将其拆分成不同的独立事业部	既有纵向职能分工，又有横向跨职能联系	减少管理层级将最高决策直接传递到基层执行人员 强调效率和弹性	组织内部与外部没有明显的边界 专业员工间的协调和沟通通过跨职能团队来完成
适用类型	传统大型组织	拥有多个子战略的组织	横向协作和攻关项目	强调灵活机动的中小型组织	柔性团队

类型	直线职能型组织架构	事业部型组织架构	矩阵型组织架构	扁平化组织架构	网状组织架构
优点	保证了组织管理体系的集中统一 充分发挥各专业管理机构的作用	各事业部自主经营，责任明确 增强组织整体的效益和活力	横向机动灵活 既重视分工又重视合作 有利于复杂创造性活动的开展	提高决策民主和效率 针对环境变化能及时做出反应	内、外部组织的优势互补 跨组织资源优化配置
缺点	职能部门之间的协作和配合性较差 办事效率较低	重复设置职能机构造成人员、资源的浪费 组织整体协调比较困难	负责人责任大于权力，缺少足够的激励与惩治手段	容易导致决策信息混乱	组织间的问责机制较弱

（1）直线职能型组织架构是把管理机构和人员分为两类，一类是直线领导机构和人员，按命令统一原则对各级组织行使指挥权，另一类是职能机构和人员，按专业化原则，从事组织的各项职能管理工作。其优点是既保证了组织管理体系的集中统一，又可以在各级行政负责人的领导下，充分发挥各专业管理机构的作用。缺点是职能部门之间的协作和配合性较差，职能部门的许多工作要直接向上层领导报告请示才能处理，这一方面加重了上层领导的工作负担，另一方面也造成办事效率低。

（2）伴随组织的发展壮大，组织可能会实行多元化经营，单一组织战略无法解决全部问题，事业部型组织架构应运而生。其由直线职能型发展而来，指按照组织各分支使命的不同将其拆分成不同的独立核算部门，即事业部。该类组织架构适用于拥有多个子战略的组织，其优点是各事业部自主经营，责任明确，各部之间可以适当开展竞争，增强组织整体的效益和活力。缺点是各事业部都需要配置相应的职能机构，造成人员、资源的浪费，各事业部更关注自身利益，组织的整体协调比较困难。

（3）矩阵型组织架构是一种既有纵向职能分工，又有横向跨职能联系的组织结构，适用于横向协作和攻关项目，项目负责人根据课题招募调配不同学科部门的研究人员，组成项目组集中工作，项目结束后研究人员再回到各自原来的部门，根据新项目重新组合。其优点在于横向机动灵活，可根据项目需求进行组织和解散，既重视分工又重视合作，有利于复杂创造性活动的开展。缺点是项目负责人的责任大于权力，项目参与者都来自不同部门，隶属关系仍在原来部门，项目负责人会有一定程度的管理困难，缺少足够的激励与惩治手段。

（4）扁平化组织架构是相对于传统层级化管理来说的，扁平化管理致力于减少管理层级，将最高决策直接传递到基层执行人员，强调效率和弹性。其优点在于分权管理提高决策民主和效率，针对环境变化能及时做出反应。缺点是人人都能参与决策，容易导致决策信息混乱。

（5）网状组织架构的特点是组织内部与外部没有明显的边界，专业员工间的协调和沟通通过跨职能团队来完成，这些团队的目的是集中来自不同部门的员工以进行统一行动，这些团队可以在组织内部，也可以在组织边界以外。其优点是在组织内外部形成良好的互动与交流，从而实现内、外部组织的优势互补以及跨组织资源的优化配置。缺点是组织间的问责机制较弱，综合管理层难以对跨职能团队成员所负责的内容进行详细了解，从而也无法有效问责。

4.组织架构的选择

在明确了常驻团队和流动团队的规模及类型后，企业智库需要考虑建立适当的组织结构，以组织人员高效地开展研究工作。智库长期稳健的发展依赖于两方面：一是以任务为导向，交付高质量的研究成果、提供科学的决策建议，以高绩效产出来证明自身价值；二是以发展为导向，强化自身的专业积淀、打造自身的优势领域，为强势智库品牌的建立积蓄潜在能量。对于作为"主星"的常驻研究团队，建议采用兼顾专业建设和问题解决的矩阵式组织结构；对于作为"卫星"的流动研究团队，建议打造柔性合作网络，应用多种形式随时调入人员，并以协议或契约为纽带，实现对常驻团队组织结构的灵活调整（见图4-3）。

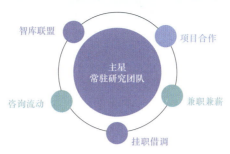

图 4-3　企业智库"主星＋卫星"典型组织结构示例

"主星"——常驻研究团队。智库的常规研究工作属于跨专业问题，难以依赖单一专业人员独立解决，往往需要从多个专业抽调人员合作完成，矩阵式结构是企业智库常驻团队组织结构的不二之选。对于智库而言，该结构纵向可以按学科系统划分，遵循学科发展和研究的基本规律，构建专业化分工的人员队伍；横向可以按研究课题划分，以解决特定的研究问题并提供咨政建议为目标，进行人员跨专业协调及配置。图 4-4 是兰德公司二元矩阵式组织架构的人员组织形式示例。

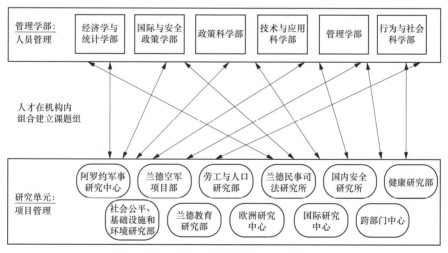

图 4-4　矩阵式组织架构的人员组织形式示例

"卫星"——流动研究团队。将外部人员引入智库，有助于促进智库与不同组织机构之间思想和知识的交流互动，提高智库研究的现实性和实用性。流动研究人员主要来源于企业智库外部，包括企业智库的上下级单位、平行机构，或高等院校、其他智库、政府部门等第三方组织。流动人员与智库之间并没有长期的聘用关系，不属于智库的正式员工，而是以项目委托或专家咨询的方式为智库提供智力服务。

对于企业智库而言，最适用于外部流动团队的组织结构莫过于网状组织结构，依托网状组织结构将外部人员纳入柔性协作网络，打造跨越智库组织边界的研究共同体。构建外部人员与智库之间的网络链路，一般以协议或契约为纽带，主要依托于以下几种形式：

（1）智库联盟。企业智库与其他智库组成智库联盟，为智库成员企业之间搭建信息、资源、成果、人员等交流合作平台，以联盟章程所规定的人员交流协议为依据，依托联盟提供的平台引入外部流动人员，协同合作实现共同愿景。

（2）项目合作。企业智库以签订合同、契约等书面文件的形式，引入外部人员参与研究课题，约定双方的权责、义务以及利益分摊等，外部人员参与课题期间不改变与原单位的隶属关系。

（3）咨询流动。企业智库邀请外部专家以培训、学术讲座、交流会、茶话会等方式实现分散智力资源整合。

（4）兼职兼薪。企业智库通过定期往来、灵活工作期的方式，邀请外部高校、科研院所等研究人员在不改变与其所在单位隶属关系的前提下兼职从事研究工作并获取薪酬，实现其知识效用的最大化。

（5）挂职借调。企业智库与政府、上下级单位、平行机构、其他类型智库及多种组织之间建立人员交换机制，实现信息对称，消除知识盲区。

第四节　复合化的人才培养

一、复合化人才的内涵

从企业智库组织架构看，智库人员的职务主要分为三类：第一类是领导人员，包括智库领导成员、各研究小组负责人等；第二类是研究人员，包括常驻和流动研究人员；第三类是管理人员，包括负责行政、辅助等各类工作的专门人员。其中，领导人员把握智库的整体发展方向，引入各类资源、协调各类社会关系，确保智库行稳致远；研究人员是智库成果质量的压舱石，以其智力成果提供决策咨询；管理人员服务和配合研究团队，开展智库中非研究性的工作，为智库日常的高效运转保驾护航。三类人员在企业智库中扮演的角色不同，对其能力素质的要求也有较大差异，其中研究人员是构成智库人才的主体，也是决定智库核心竞争力的关键。根据企业智库研究工作的特点，研究人员应具备复合化人才素质，分为道德、专业、技能、能力和阅历五个方面。

（1）道德。首先是政治素养，在《关于加强中国特色新型智库建设的意见》中，智库建设的第一条基本原则是"坚持党的领导，把握正确导向"。当前，随着全球化文化交流的深入，各类意识形态思潮泛滥，研究人员要始终坚持正确的政治立场，对于错误的意识形态保持警惕、在大是大非问题上保持清醒。其次是职业素养，研究人员要以智库核心价值观和行为准则为准绳，树立对企忠诚、爱岗敬业、严格保密、严谨治学、实事求是等理念，以饱满的热情、积极的心态投入工作，把研究工作做好、做实、做细、做精。

（2）专业。决策咨询是典型的交叉领域，决策者面临的问题往往涉及多个专业学科，知识的复合性也因此成为智库研究人才的核心特征和竞争力。按照教育部发布的一级学科分类标准中的 13 个学科门类，分析国内外社会智库引入人才分布特点发现，国外社会智库人才的学科背景更加多元，涵盖经济学、法学、教育学、文学、理学、工学、军事学、管理学 8 个门类；而国内社会智库人才的学科背景大多集中在经济学、法学和管理学 3 大门类，所以很长一段时间内企业智库以文科专业为主，但企业智库因其行业特殊性需要特定领域的知识储备，应该围绕自身定位明确并拓展研究人员的知识背景。以能源电力企业智库为例，其研究人员应具备电网规划、运行、检修、建设、营销等能源电力专业知识，能源政策、能源产业分析等行业相关知识，以及战略规划、人力资源、物流供应、数字化等企业管理知识，在此基础上，兼具经济、财会、情报、政治、传播、社会、统计、法学、计算机等多学科知识。

（3）技能。主要包括外语技能、信息化技能、表达技能三个方面。首先，智库研究需要在前期以查阅大量资料的方式完成信息收集，并与相关领域学者进行沟通交流，因此研究人员需要熟练掌握一门或多门外语，以随时跟进研究领域在国际上的前沿动态。其次，大数据背景下的智库研究大量依赖量化分析，因此研究人员需要掌握数据收集、处理、分析以及数学建模等方面的技能，特别是调研、访谈、问卷等数据收集方法，SQL、SAS、MATLAB 等数据库和数据分析工具。最后，智库研究成果主要以各类报告为载体，因此研究人员需要拥有较强的文字功底，能清晰地总结、提炼、表达研究观点，并熟练应用各类图表可视化工具。

（4）能力。主要包括洞察能力、研究能力、团队合作能力和创新能力四个方面。首先，企业智库服务于政府及企业的决策层，整体站位较高，研究人员需要拥有全局视角、战略思维和唯物主义历史观，能够透过现象洞察事物的本质。其次，智库研究以严谨科学为根本，研究人员需要经过专门学术训练，掌握专业研究方法，具有发现问题和解决问题的能力。再次，研究工作往往以项目方式推进，需要多个研究人员组成项目团队共同完成，研究人员需要具有沟通、协调及合作能力。最后，智库提出的解决方案应该是独辟蹊径的，研究人员不能步人后尘，而应该具有较强的创新能力。

（5）阅历。企业智库不同于高校和科研院所等学术型组织，需要以解决现实问题为导向，提出具有实用性和可操作性的建议。企业智库的研究人员需具备相关领域的实践经验，能够深入了解企情、民情、国情。此外，企业智库通过辅助和影响决策来实现自身的影响力，拥有企业、政府、商业等丰富从业阅历的研究人员可能拥有更高的视野，以及更加广泛的人脉和参政议政渠道，无论是依托人际网络收集信息，还是宣传智库成果提高影响力，这无疑都是研究人员重要的加分项。

二、复合化人才培养的必要性

智库以提供智力咨询成果为核心价值，人才是智库最重要的资源。人才的思想高度、知识水平、研究能力、人脉关系等直接决定了智库成果的水平和影响力，打造一支高质量的复合化人才队伍是智库生存发展的关键所在。

国际领先智库均非常重视人才团队建设，例如，兰德公司成立 70 年来，网罗了大量世界级顶尖人才，共有 32 位诺贝尔奖获得者先后为兰德公司效力，其专业方向涵盖经济、物理、化学等多个领域；美国对外关系委员会的工作人员中曾经担任国务卿的就有十多位，曾经担任国防部长、财政部部长及各部门副部长的也有数十位；布鲁金斯学会的 200 多名研究员中有 6 位担任过驻外大使。

中央印发的《关于加强中国特色新型智库建设的意见》指出，中国特色新型智库的建设目标之一是"造就一支坚持正确政治方向、德才兼备、富于创新精神的公共政策研究和决策咨询队伍"，中国特色新型智库应"具有一定影响的专业代表性人物和专职研究人员"，并对智库人才的"流动机制、评价机制、激励政策、薪酬制度、职业精神、职业道德建设"提出了明确要求。以上文件为我国企业智库人才队伍建设指明了方向。

三、复合化人才培养的总体思路

企业智库应以打造结构优良的人才梯队为目标。为实现可持续发展，企业智库必须考虑到新老人才的更替问题，在拥有一批成熟人才的同时，未雨绸缪地培养储备人才，保障研究团队后继有人、基业长青。核心研究人才、通用研究人才、常规辅助人才在企业智库的发展中分别发挥着领军、骨干和基础的作用，形成了智库研究人员梯队。因此，企业智库应保障以上三类人才的总体数量充足，各类人才之间的比例合理。其中，领军人才的素质突出，能够引领整体队伍能力提升；骨干人才发挥中坚力量，能够保障体系高效运作；基础人才潜力巨大，能力成长迅速，能够保障长期人才供给。

企业智库应以培养一专多能复合型人才为导向。要想保障研究工作的高效开展，在研究团队中，既要有熟悉决策流程、懂得决策需求的政策型人才，又要有理论根底深厚、学术基础扎实的专业型人才；既要有具备系统思维、把握大局远景的战略型人才，又要有擅于基层调研、熟用模型工具的方法型人才；既要有洞悉国情民意、广拥本地资源的本土化人才，也要有熟悉国际规则、擅长国际合作的国际化人才。因此，企业智库在保障整体研究队伍胜任力的基础上，应以特色化培养为导向，根据人才的禀赋特点，确定其专长的发展方向，打造具有一专多能特征的复合型人才队伍，让每个研究人员既是具备多种知识、能力、技能的多面手，又在某一方面能够做到出类拔萃，在团队中起到独当一面的作用。

企业智库应以人才全生命周期综合管理为抓手。人才生命周期理论认为，组织中的人才有其生命周期，一般可大致分为引入阶段、成长阶段、成熟阶段、衰退或持续发展阶段。企业智库的人力资源管理机制应围绕着人才生命周期设计，将人才的选聘、使用、培养、评价、激励等一系列机制组成一个相互联系的复杂有机系统。任何单一机制的作用都是片面的、有限的，只有结合系统地设计并运作机制，才能帮助智库实现人才"选、用、育、留"的良性闭环，为智库提供生生不息的人才动力。

四、复合化人才培养的重点举措

在人才生命周期理论的基础上，以人才管理系统思维为指引，企业智库人才管理的重点举措应聚焦人才引入、人才培养、人才评价、人才激励四个方面。人才引入是起点，决定了人才的基本规模和质量；人才培养是关键，决定人才素质提升的速度和幅度，以及远期人才质量的天花板水平；人才评价和激励是保障，确保了人才队伍的稳定性和内驱力。

（一）人才引入

丰富的引才渠道是保障智库研究人员规模和多样性的根本，因而企业智库应着眼于企业内部和外部，挖掘潜在引才渠道，源源不断注入新鲜的人才血液。一般来说，这种内外部的引才渠道根据资源供给的不同存在一定区别。企业内部来源指人才来源于智库所在企业或上级企业。特别是当上级企业属于大型集团时，其各分、子公司拥有大量优质人才，上级企业可以出台内部人才流动的规章制度，以借调、挂职、柔性团队等多种方式，打通下属各部门、各单位与智库之间的双向人才流动路径，促进集团内人力资源的优化配置。企业外部来源指除企业内部来源以外的其他来源。通常来说，这种来源可以跳出企业自身的局限性，拥有更广阔的选材空间。在这方面，兰德公司的做法具有代表性和启发性。兰德公司注重利用"士、政、商"三种引才渠道，其中，"士"包括刚毕业的学生、大学的专家和其他智库的专家，"政"主要来自政府官员，"商"指企业界的精英。对于以上背景迥异的人才，兰德公司采用了不同的选拔任用方式。对于初入社会的高校毕业生，兰德公司设立了实习生制度，从优秀实习生中遴选表现优异的人，作为未来的研究人员储备；对于有过任职经历的成熟精英，通过"旋转门"机制吸纳政界、商界、学界、新闻界人士进入智库工作。因此，企业智库可积极从包括政府、高校、科研院所、行业协会等外部渠道广纳贤士，促进智库与非智库之间人才的双向流动，打造政、产、学、研四界智库人才环流体系。

在组织架构中我们提出，企业智库应秉持"刚柔并济"的指导原则，因而在人才聘用方面也应考虑机制的灵活性。国外智库在这方面的做法可以提供很好的参考：胡佛研究所 80% 以上的研究人员是在斯坦福大学其他院系担任不同职称的教师；彼得森国际经济研究所的研究团队中，有三分之一属于访问学者；兰德公司与伦敦国际战略研究所之间会定期互派访问学者。我国企业智库可以根据研究人员配置策略的不同，采取差异化的聘用模式。对于常驻研究人员，主要包括高校毕业生，退休政、商、学界人士等，采用长期聘用方式引入，将其吸纳为智库的正式员工；对于流动研究人员，主要包括现任政、商、学界人士等，采用特聘、兼职、接收访问学者、成立工作小组、进行项目合作等方式引入，在保障人才供给的同时维持一定的人员流动性，确保人才队伍的生机与活力。

（二）人才培养

（1）特色化培养——围绕一专多能的复合型人才培养目标，企业智库应因地制宜开展特色化培养。依托自身定位和需求提出人才特色培养方向，并遵循因材施教的原则，为每个特色方向遴选适合的培养对象。

1）方法型人才。此类人才具备应用数学、社会学、经济学、管理学等专业背景或工作经验，熟悉调研、访谈、问卷、实验设计等一手信息获取方法，掌握相关分析、回归分析、假设检验等量化分析手段及贝叶斯、决策树等常见算法，掌握投入－产出、价格弹性、PEST、SWOT、波特五力等经典经济管理学模型，还应具备较强的方法研究能力和模型研发能力。

2）数据型人才。此类人才具备信息管理、计算机、统计学、图情学等专业背景或工作经验，熟悉各类数据库、统计分析及数学建模工具，例如，MYSQL、SAS、MATLAB 等，掌握 C++、Python、R 等编程语言，熟练开展数据分析及挖掘工作。

3）战略型人才。此类人才具备人力资源、金融财会、历史学、传播学等专业背景，或为企业高层提供投融资、整体规划、产业布局等服务企业整体战略的工作经验，具有较强的洞察力，掌握系统、大局、历史、因果等分析视角。

4）政策型人才。此类人才具备政治学、国际关系学、法学、党建等专业背景，或具有政府部门、行业协会、监管机构等工作经验，曾参与施政、参政、议政等工作，具有较高的政策敏锐性，能熟练开展政策研究并提出对策建议。

（2）进阶式培养——智库研究人才分为核心研究人才、通用研究人才、常规辅助人才三类，每类人才的素质基础不同、在研究中承担的角色不同，对培养的需求也体现出较大差异。因此，企业智库应该分层分类施策，对研究人才制定不同阶段进阶式培养方案。

1）常规辅助人才往往是新招募的高校毕业生，对智库工作还不熟悉，在素质上存在短板，应以夯实知识、能力和技能基础，实现工作的迅速上手为培养目标。企业智库可在员工入职后安排集中培训，培训内容可包括：智库工作流程、本岗位工作内容、重点研究领域介绍、资料搜集及整理、文稿撰写、沟通技巧等。

2）通用研究人才已经具备了一定研究经验，对智库研究工作的组织和开展方式非常熟悉，应围绕专业型、方法型、计算型、战略型、政策型等特色化培养方向，重点拔高人才的能力长板，将其发展为研究的中坚力量。企业智库可根据培养方向将人员分组并安排针对性培训，培训内容可包括：专业业务学习、一手信息采集方法学习、数据分析工具学习、政策研究等。

3）核心研究人才已经是智库的领军者，能够主持开展研究项目，拥有了自身擅长的领域，应注重其综合能力的提升，以及知识和技能的迭代更新，确保其始终处于时代发展的前沿。企业智库可重点开展项目管理精进、科技动态分析、政策热点解读等培训。

（3）立体式培养 ——人才的培养要通过载体实现，培养内容不同、培养对象不同，培养方式和载体也应多种多样。企业智库对人才的培养应立体式开展，以促进学员理解、吸收、掌握培训知识，达到较好的培养效果。

1）师徒带教。导师制是人才培养的一种有效方式，尤其当涉及操作技能类的经验，难以用口授的方式表达，导师制体现出极大的优势，学员通过观察导师的言谈举止学习，往往能达到较好的效果。企业智库可组建内部导师库，由资深研究人员担任导师，新入职的研究人员为学员，双方签订一对一的师徒带教协议，把带教内容、带教时间、双方责任等明确下来，以增强双方的责任感。在带教过程中，可通过工作现场指导、定期交流心得等办法来巩固学习效果。

2）内部培训。智库可在内部设立培训职能，面向常驻和流动研究人员开展授课培训。在培训前，应对参与培训的人员素质进行摸底，分析培训需求，确定培训主题及重点；在培训中，可以采用面对面现场教学，也可以采用网络视频、电话会议等方式授课；在培训后，应对培训内容、讲师表现进行评分，从中汲取培训组织、开展的经验和教训，促进培训迭代优化。

3）搭建对外交流和赴外学习平台。企业智库可以积极安排研究人员参与行业会议、学术论坛等活动，学习同行的先进经验；定期选派研究人员到政府部门挂职锻炼、到大学进修深造、到其他智库担任访问学者等，以了解决策需求、拓宽研究视野、提升研究水平。在结束交流学习后，可以组织相关人员将学习内容向其他研究人员进行宣教，以促进经验的扩散和推广。

4）自设学院或与高校合作培养。自设学院指智库自己设置学院培养博士或博士后人才，与高校合作培养指智库将内部人才委派至高校培养，并授予专业学位。这两种模式被国外智库广泛采用，已成为主流的人才培养模式。据统计，近四成的国外社会智库设有独立的研究生院，比如兰德公司自 1970 年起成立兰德研究生院，是美国第一家设置政策研究博士培养项目的机构，每年培养 25 名左右政策研究专业博士；接近九成的国外社会智库采用与高校合作方式培养人才，比如国际战略研究所与伦敦国王学院建立长期联系，从本科阶段即开始培养国际关系与国防安全领域的专业人才。近年来，国内少部分智库也开始尝试用以上两种模式培养人才，例如，中国国际经济交流中心 2010 年设置博士后科研工作站，培养"一带一路"实施战略与全球经济研究、军民深度融合与国际战略研究等 6 个方向的博士后人才；中国（海南）改革发展研究院与东北大学合作开设了转轨经济理论与实践博士项目、与荷兰马斯特里赫特管理学院联合举办了总经理战略管理研究生项目、与厦门大学合作举办了金融学专业研究生项目。企业智库也可以借鉴以上培养模式，例如，设立博士后科研工作站，或联合高等院校在本企业业务相关领域设立合作培养项目。

（三）人才评价

人才评价是对人才工作状态及绩效的直接反馈，只有人才评价的结果客观、公正，才能给予人才以正确的反馈，从而激发人才的工作积极性，为人才自我提升提供参照和指引。美国智库在研究人员评价方面，建立了一套较为规范的评价机制。以兰德公司为例，在考核周期方面，新入职人员一年两次，资深研究人员两年一次；在考核流程方面，每次考核时由部门主管领导对所属部门人员作出评价，评价结果会通知本人，允许被考核人申辩；在考核标准方面，以"兰德高质量研究标准"和"兰德特殊研究标准"为依据；在考核方式方面，兰德公司设有内部考核、外部考核两种方式，内部考核是指担负研究职能部门的管理团队对本部门的研究项目质量做出内部评定和总结，外部考核是指由来自公司以外的专业人员与兰德公司考核部门人员一起对某一部门做出的考核，兰德公司要求被考核部门的管理人员不得参加或干预对本部门考核；在考核结果应用方面，考核结果是薪酬水平制定和晋升与否的依据。我国企业智库应该学习国外智库的先进经验，建立周期性、常态化的人才评价机制，采用规范化、科学化的人才评价方法。

（1）建立固化的人才评价流程。企业智库可以以年为周期开展人才评价工作，由人才的直属领导实施。每次评价以人员的岗位工作职责及绩效目标为准绳，可分为员工自评、直接领导评价两个环节，即首先由员工对照岗位工作内容和绩效目标进行自我评价，接着由直接领导根据员工态度、行为表现、工作成果等进行结果评价，通过多个层次的评价机制，保证流程的公平公正性。

（2）搭建科学的人才评价指标体系。智库作为智力成果的生产主体，对人才的评价需要体现智力劳动的特点。智力劳动的本质是创造性活动，不适合采用工作量、工作时长等评价指标，而应以人才素养和研究成果为导向，其中，人才素养包括工作态度、知识面、能力水平、技能资质等，研究成果则包括领导批示数量、媒体曝光率、文章影响因子等。国外社会智库主要采用基于业绩考核或资格认证的人才评价机制。例如，英国对外关系学会专门制定了"专业能力框架"，确定雇员在团队中的角色并考察其能力，为雇员晋升提供依据；日本的野村综合研究所则设立了专门的内部资格认证制度，研究人员可以申请 4 项资格认证：业务分析师认证、项目经理认证、系统分析师认证、IT 架构设计师认证，领导者依据资格认证的评价结果对人才实施奖励或惩罚，激励人才更好地开展研究工作。

（3）坚持主观和客观评价相结合。主观评价从定性的角度对评价主体作出评价，评价结果较为人性化，但也容易受评价主体个人感情和学术水平的影响。客观评价法需要建立评价指标，收集定量化的信息，评价结果更为客观，但其过程繁琐，对于不能量化的指标往往缺乏评价能力。智库可以根据实际情况灵活运用主观评价法和客观评价法，比如对文章发表数量、获奖数量、参与项目的数量等要素的评价，采用客观评价法；对于文章的影响力、产生的社会效益、指导实践效果等要素的评价，采用主观评价法。

（4）坚持内部和外部评价相结合。外部评价指邀请企业智库外部专家根据科研成果、领导批示、被各级政府部门采纳的情况以及被媒体转载的次数，对智库内部人才进行评价，由于没有内部人情因素的干扰，评价也更为客观合理。内部评价指采取上级、下级以及平级对智库人才的职业素养、学术水平、科研创新力、工作表现等要素进行多主体的评价，以期评价更为全面真实。实践中，可依据评价主体的类别和性质，灵活采用内、外部评价，以得出尽可能客观、公正的评价结果。

（四）人才考核

在绩效考核中常用到的是 KPI 和 OKR 策略，在实际应用中，两者有不同的适用场景。

（1）刚性的 KPI 理念。KPI 在执行上更为刚性，它的考核目标明确，有利于公司战略的实现，并且关注客体价值，有利于公司促进各岗位形成市场导向的经营理念，能够把组织利益和个人利益绑在一起，员工实现个人目标的同时也实现公司目标。理论上，KPI 必须严格按照 SMART 标准制定，是否达到甚至达到比例多少（小于 100% 还是大于 100%）都需要能测量。这就导致一个问题，有些事情值得去做，但在做出来一部分之前无法测量，因此无法制定目标，于是会陷入先有鸡还是先有蛋的问题。比较保守的做法就是这项 KPI 先纳入考虑范畴，或者写一个很低的目标值，然后在季度末调整 KPI。这样的考核制度下，会导致团队形成先工作再制定 KPI 的反向机制，那么也就失去了 KPI 的导向和激励作用，而纯粹变成了一个绩效结算制度。

此外，KPI 还有一个更严重的问题，就是为了完成可测量的目标，有可能实际执行手段与该目标要达到的不可测量愿景正好相反。举个例子来说，我们希望用户更喜欢使用我们的产品，因为"喜欢"无法测量，所以把"页面浏览量（PV）"写进了 KPI 里面。但在实际执行过程中，我们可以把用户原本在一个页面上就能完成的事情分到几个页面上来完成，结果 PV 达到了 KPI 制定的目标，但由于累赘的内容使得用户其实更讨厌我们的产品了。

大家如此应付 KPI 是因为其跟绩效考核挂钩。如果达不到就会影响奖金，所以就算违背公司和用户利益，也要把部门和个人 KPI 完成。

（2）更加灵活的 OKR 机制。OKR（Objectives and Key Results）即目标与关键成果法，是一套明确和跟踪目标及其完成情况的管理工具和方法（见图 4-5）。旨在确保员工紧密协作，把精力聚焦在能促进组织成长的、可衡量的贡献上。1999 年英特尔公司发明了这种方法，后来被 John Doerr 推广到甲骨文，谷歌，领英等高科技公司并逐步流传开来，现在广泛应用于 IT、风险投资、游戏、创意等以项目为主要经营单位的大小企业。

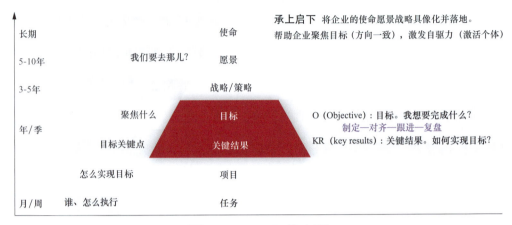

图 4-5　OKR 的内涵

　　OKR 其实可以拆分成两个词，O 是 Objectives（目标），而 KR 是 Key Results（关键成果）。目标 "O" 的含义是对组织在一定时期内期望发展方向的一种定性描述，用通俗的话讲，就是 "我们想做什么"。关键成果 "KR" 的含义是对达成目标 "O" 的标准而进行的定量描述，用通俗的话讲，就是 "为了完成这个目标我们必须做什么"。所以 "O" 和 "KR" 浓缩在一起就是 "为确保达成企业目标的关键成果分解与实施"。

　　在企业层面，OKR 所表现的是在企业使命及愿景的大框架下，明确企业近期内想要完成的最重要的事情；在部门或团队层面，明确当前为完成企业主要目标部门或团队可以做的事情，以及当前在部门和团队建设中亟需完成的事情；在个人层面，明晰在部门目标中的自我价值（即制定自己的目标）外，还可以考虑推动自身改变和想要挑战的目标。

　　在实施目标管理的时候，必须做到以下几点：一是目标的产生是高层管理者与基层管理者共同讨论的结果，而不是单方面的意愿；二是用自我管理的方式来评估个人的绩效；三是绩效评估方式必须与目标相关，且是简单合理、易于衡量的。德鲁克希望通过 "目标管理"，让每个人都能充分发挥特长，促进团队合作，向着共同的愿景努力，这一理论也成为 OKR 的雏形。

OKR 更适应智库。OKR 解决了 KPI 的种种缺陷。首先它和绩效考核分离，其次它强调最终的关键结果必须服从目标，再次以上述案例为例，如果目标是要让用户喜欢我们的产品，但实际执行关键结果的手段违反了这一点的话，多余的工作就是无意义的。既然关键结果只是用来服务于目标的，那就没必要像 KPI 那样一早制订好然后强制执行。员工可以在工作的过程中随意更改关键结果，只要它们还是服务于原本的目标就可以。其实 OKR 最重要的作用就是帮助员工"保持专注"，继而帮助员工"有影响"。

从理论上说，凡是无法被机器取代的岗位，都可以运用 OKR。可以预见，随着以人工智能为代表的科学技术狂飙猛进，将会有越来越多的岗位被机器取代。那么，究竟什么岗位适合运用 OKR 呢，归根结底，OKR 的效用就是两个字，"人"和"事"。对"人"而言，OKR 帮助他们养成好的习惯，创造好的环境，促进员工成长，提升组织文化。对"事"而言，OKR 提供了正确的方法和路径，促使企业用正确的方法做正确的事。如果从"人"的角度来思考，显然，每个人都希望有自主性，都希望能体现自我的价值，都需要得到尊重，在组织中有所进步。而且，OKR 塑造的是一种文化，既然是文化，我们必然要求组织的文化是统一的，无法想象组织中因文化差异形成的孤岛能够长期存在。从这个意义上说，显然应该力求让每个人都从 OKR 中受益。如果从"事"的角度来看，部门之间、岗位之间一定存在着差异，甚至是巨大的差异。对于强调判断力和创造力的知识型员工而言，运用 OKR 是顺理成章的。但对于那些按部就班、听令行事的员工来说，OKR 不但会增加他们的工作负荷，可能还会给他们造成困扰，让他们无所适从。如果 OKR 不能对他们产生积极作用，实质上就是在增加组织的负担，必然会影响 OKR 的顺利实施。看起来，帮助"人"和推动"事"是存在矛盾的，而解决这个矛盾的思路是：OKR 应当优先运用于对组织战略有支撑作用的部门，优先运用于对组织生态有重大影响的部门，优先运用于创新型业务，优先运用于探索型工作岗位，优先运用于自我实现意愿强烈的团队。

OKR 是非常适合智库的。智库工作本身具有极强的创造性和探索性，创造性是其员工发挥岗位价值最重要的因素，这类岗位的工作不可复制，需要灰度空间、容错能力，要求员工避免因循守旧，要不断突破思维局限性，研究改进工作的方法，这与 OKR 的应用领域相吻合。此外，从事智库的人才往往有着极强的进取心，有主动性和一定的抗压能力。而 OKR 倡导的自下而上、公开透明、积极反馈正为这一类自我实现意愿强烈的人才提供了成长的土壤和施展的空间。愿意主动参与的员工也必然会对 OKR 寄予更多期望，投入自己的热情和精力，从而对 OKR 的实施产生积极的影响。

一是以目标为导向的管理方式能更加迅速的根据目标的改变而改变。智库作为从事开发研究工作的决策咨询机构，无论是帮助管理者做决策又或者是对行业大环境做预测，都需要对外部环境的变化做出快速反应，并对目标进行调整。而 OKR 以目标为导向，目标改变后，OKR 也可以随之调整。OKR 敏捷的特性，适合智库工作特点。

二是目标感强，需要团队内部实现目标透明。智库作为决策咨询机构，需要清楚地了解用户的需求，明确自己为满足用户的需求能够做的工作。实施 OKR，保证团队目标和个人目标的公开透明，以便员工的工作能够聚焦于团队目标。

三是激发企业活力，发挥员工潜力。如今 90 后已经成为推动各个领域发展的主力军，他们不喜欢封闭和过于受控的工作环境，同时，他们也渴求有机会发挥自己的创造力。OKR 可以让年轻的员工紧盯目标的同时，在目标实现的过程中充分发挥自己的主动性。OKR 的实施，不但可以激发企业团队的活力，还可以发挥员工的潜力，一举两得。

（五）人才激励

根据马斯洛的需求金字塔理论，人类需求分为生理需求、安全需求、社交需求、尊重需求和自我实现需求。因此，企业智库激励机制的设计应该遵循人才需求的客观规律，通过多层次的激励手段提升员工工作积极性，挖掘人才发展潜力。

（1）物质激励主要包括员工的工资薪金和福利待遇。其中，在工资薪金方面，智库要建立与人才的岗位职责、工作业绩、实际贡献紧密挂钩的薪酬体系；在福利待遇方面，布鲁金斯学会、兰德公司、国际战略研究所都为其员工提供带薪休假、医疗保险、退休基金、工伤补偿、健康管理项目、家庭问题咨询、内部产品折扣、员工娱乐活动等福利，为国内企业智库提供了很好的参考。

（2）环境激励指向员工提供良好的工作和生活环境。例如国外一些智库为研究人员提供全天候开放的现代化办公室，配备专职研究助理，提供先进的数据库和计算机网络支持系统，并在办公大楼内提供包括餐饮、售货、住宿在内的生活服务，满足研究人员生活上的各种需求。对于我国企业智库而言，这些做法具有一定的可复制性。

（3）培训激励是由于对智库研究人员而言，拥有丰富、广博的知识，掌握先进的方法论和模型，能够促进工作更高质量地开展。因此，可将培训作为激励的一种方式，向优秀的研究人员倾斜培训资源，例如，选派其参与行业论坛、专家培训、外部进修、挂职锻炼等，以帮助优秀研究人员更快地成长。

（4）荣誉激励指通过颁发荣誉称号对表现优异的团队或人员进行表彰。以国家电网有限公司为例，其设立的代表性荣誉称号包括：软科学成果奖，以奖励在公司软科学研究中作出突出贡献的单位和个人；智库工作先进个人，以表彰智库建设重要贡献者、宣扬杰出贡献模范等。企业智库可以参照以上模式，积极开展研究人员评优活动，并对获选者颁发荣誉称号，使员工感受到公司对其努力成果的肯定，激发其工作动力，向更高的台阶迈进。

第五节　多元化的信息渠道

一、多元化信息渠道的内涵

信息渠道是指传送信息的媒介物。在组织中，不同的信息渠道适用于不同的信息。企业智库要产出高质量的成果，有赖于信息渠道的高效运转，特别是在大数据时代，由于信息迭代速度快、虚假信息多、碎片化程度高，信息渠道建设的重要性与日俱增，成为关系智库生存和发展的关键所在。

企业智库的信息渠道主要包括组织网络、人际网络和资源媒介网络。组织网络指由企业智库的专、兼职信息情报人员所构成的渠道网络。一般而言，应根据所需收集的信息内容或来源进行专业化分工，例如，根据信息内容可以分为政策文件、统计数据、项目信息、市场情报、科技动态等，根据信息来源可以分为政府、行业协会、企业各部门、新闻媒体等。人际网络指由企业智库的内、外部各类相关方人员构成的，以人际关系为载体，依托人际交流实现信息传递和资源利用的渠道网络。人际网络中传播的信息一般是没有经过公开发布的非常规信息，但对于决策有着不可忽视的作用，是对公开信息的一种补充和证实。在人际网络中，信息通过口耳相传的方式实现传播，相较于其他传播渠道，这种方式更易于传播较为敏感的信息，以及难以描述的隐性信息。尤其我国是一个重视人际关系的人情社会，人际网络发挥的作用更大。资源媒介网络指由文字、图片、视频、音频等信息资源媒介所构成的渠道网络。传统的资源媒介主要包括各类政府机构、新闻媒体、报刊、杂志等，在信息技术高度发达的今天，随着互联网的发展及自媒体、平台型媒体等模式的创新，还出现了个人博客、播客、公众号、视频号等新媒介。

二、多元化信息渠道建设的必要性

信息是企业智库运行过程中必不可少的资源，企业智库能否及时、准确、全面地获取信息，将直接关系到智库研究、决策、成果产出的顺利进行。企业智库面向各种公共问题、行业前沿问题、企业决策需求，提出可行的决策支撑方案，其本质就是通过对各类信息进行收集、筛选、整合、分析，从而得出基于客观事实及现状的形势研判与方案设计。因此，企业智库不仅要了解信息来源、把握信息动态，还要打通信息渠道、连接信息通路，建立多元信息网络以保障信息内容多样化。

信息渠道是企业智库感知内外部环境的基础设施，保证企业智库顺利收集原始信息素材，是研究工作开展的前端，是智库进一步开展信息筛选、挖掘和分析的前提。拓宽信息渠道，保障全面而准确的信息资源获取，是企业智库生存和发展的关键，建设多元化的信息渠道有助于企业智库的进一步发展。及时性、可靠性、准确性是企业智库对于信息的核心需求，建立多元化的信息渠道，为企业智库提供及时、可靠、准确的信息输入，才能满足智库运行各阶段对信息的需要。

（1）及时性反映渠道对信息的捕捉速度。随着移动互联网的发展，全球各地所发生的事情每时每刻都被上传到网络上，导致信息的迭代速度加快。信息是动态流动的，且其价值随着时间的推移而迅速降低，如果不能迅速捕捉信息，那么所得到的信息很可能是过时的、无效的。因此，在信息渠道的建设过程中，有必要对信息拥有敏锐的嗅觉，在第一时间快速捕获信息，为智库研究赢得主动权。

（2）可靠性反映渠道对信息"去伪存真"的能力。互联网的发展使信息来源进入"全民生产"的阶段，信息发布愈加自由和开放，组织之间更加透明化，无论是政府部门、专业机构、企业、研究所、社会团体还是个人，都可以随时随地在国际互联网上发布信息。信息网络既是信息的万花筒，也是信息的垃圾场。由于信息源众多且不受控制，信息内容广泛而杂乱，很可能出现假的或片面的信息。如果获得信息后，不具备相应的审视和判断能力，就会被信息垃圾所湮没。因此，在信息渠道的建设过程中，有必要鉴别真实信息、删除虚假信息。

（3）准确性反映渠道对信息"去粗取精"的能力。当今世界产生信息的途径越来越多元化，信息无序而分散地隐藏于各个互联网网站、平台、应用及传统媒体之中，呈现碎片化分布状态，对于智库的特定研究方向及主题来说，支撑决策的有用信息只是信息海洋中的冰山一角。因此，在信息渠道的建设过程中，有必要从零散、琐碎的信息碎片中，拼接出有价值的信息图景，提高信息的相关性、针对性和价值密度。

三、多元化信息渠道建设的总体思路

围绕企业智库对于信息及时性、可靠性、准确性的核心需求，企业智库的信息渠道应从"增量""提效""保质"三个方面建设。

（1）增量：打造丰富而多元的信息渠道。信息的及时性一方面依赖于信息渠道的丰富和多元。"丰富"指渠道终端的总体数量多，全面覆盖企业智库的内外部各处，具有较高的分布密度，与环境的接触面较大，能够大量捕捉信息。"多元"指渠道的类型多，线上渠道和线下渠道、官方渠道和非官方渠道、公开渠道和自建渠道等兼备，能够收集各种来源和传播方式的信息。依托丰富而多元的信息渠道，企业智库得以"眼观六路、耳听八方"，将各种类型的信息一网打尽。

（2）提效：构建顺畅而高效的传导通路。信息的及时性另一方面依赖于信息渠道的顺畅高效。信息渠道的丰富和多元确保了企业智库具有广泛的触角，然而，信息的价值随着时间流逝而迅速衰减，在收集到信息后，还需要快速将信息传递至处理中枢，进行下一步的筛选、挖掘和分析，而不是长时间滞留在收集终端，因此需要构建顺畅而高效的渠道通路。通过加强信息渠道的组织管理，使得参与信息传递过程的人员各司其职、充分沟通、密切配合，不发生忽视、截留、延迟传递信息等情况，减少信息传递过程中的阻力。此外，应通过提高信息载体的科技含量，依托互联网等数字化载体传递信息，提高信息传递效率。

（3）保质：实现整合而有序的信息组织。要保障信息的可靠性和准确性，渠道对信息的组织能力至关重要。信息组织是利用一定的规则、方法和技术对信息的外部特征和内容特征进行揭示和描述，并按给定的参数和序列公式排列信息的过程。依托信息组织方法和工具，智库可以建立信息之间的关联关系，并以智库研究主题为导向，构建形成语义网络和知识图谱，便于对信息进行交叉验证和矛盾分析，识别虚假信息、整合碎片信息，从而使无序信息变为有序信息，为进一步的信息检索与分析奠定基础。

四、多元化信息渠道建设的重点举措

（一）构建全方位覆盖的信息渠道网络

在信息渠道建设方面，企业智库要提前做好渠道规划，明确渠道的规模和形态，确保渠道对环境的全覆盖。此外，还要保障人、财、物等相关资源的投入，并为已建成的渠道建立长效运作机制。企业智库的信息渠道将围绕组织网络、人际网络和资源媒介网络进行建设。

（1）组织网络建设。组织网络决定了企业智库信息渠道体系的框架基础，为信息的收集提供基本的组织保障。在打造组织网络时，首先，应构建适用于自身信息收集需求和特征的组织架构，建立由专、兼职信息情报人员构成的岗位体系，明确各个职位在信息收集内容、质量等方面的工作职责和绩效考核标准，建立信息收集各工序之间的明确业务流程；其次，应加强人力资源的支撑，确保信息收集的岗位编制充足、人员配备充分、能力素质优良，相关工作能够分解、落实到人。

（2）人际网络建设。在人类的交流过程中，人际交流一直占据着重要的作用，根据美国社会心理学家米尔格伦在 20 世纪 60 年代提出的"六度分割理论"，每个人都拥有属于自己的不同的人际网络，并且在不同网络中的位置也不同，如果想要和陌生人达成交往，最多只需要通过 6 个中间人就可以建立联系，这为智库构建人际网络奠定了理论基础。一个典型的人际网络由节点和联系两部分组成，节点是作为个体的人，联系则是以人际关系为纽带的交流方式和内容。因此，人际网络的打造应从织密节点和挖潜关系两方面入手。

1）织密节点。一是构建智库内部人际网络，通过开展全员情报教育，树立员工的情报意识，让每位员工自觉成为智库的情报员；二是构建智库外部人际网络，充分依托行业论坛、圆桌会议、学术研讨会、产业博览会等，建立与政府官员、行业协会人员、各领域专家、高校学者、新闻媒体从业者等相关方的人际纽带关系。通过将更多的人员纳入人际网络，增加信息源头的数量，进一步拓宽信息的覆盖面，同时缩短节点之间信息传递的通路，提高信息传递的效率。

2）挖潜关系。丰富的节点只是人际网络的基础，节点之间的信息流动才是价值创造的源泉。人际网络在结构上有着密集（强关系）和稀疏（弱关系）之分，网络结构越密集，则作为节点的人与人之间信任水平越高、交流程度越深。智库应充分依托业务流程和工作关系，加强内部各部门、处室间人员的互动，围绕专业、项目、兴趣等组建柔性团队、社团、社群等，促进内部人员建立密切联系，依托研究项目、交流访问、学术研讨等合作机会加强内外部之间的人员交流。通过促进人际网络结构密集化，提高节点间信息传递的效率和质量，更多地收集正式交流中所不能体现的情感信息及难以言表的隐秘信息。

（3）资源媒介网络建设。智库研究的问题不是无源之水、无本之木。在企业智库涉足之前，往往已有学者奠定了一定研究基础、形成了一些思路观点，研究人员不必从零开始，而应该充分借助各类信息媒介，广泛收集可供参考和借鉴的研究资料。此外，针对特定问题，还需在研究前进行大量的信息调查和数据采集工作，这很难凭借企业智库一己之力完成，还需依靠统计部门或专业机构的辅助。因此，二手资料是智库最重要、最常见的信息来源，主要包括公开渠道和私域渠道两大类。

1）广泛收集公开渠道信息。公开渠道的信息是数量最为庞大、获取最为容易、获取成本最低的信息，是智库最重要的信息来源之一。公开信息渠道主要来源一是政府机构，政府是国家行政机关，承担着社会管理责任，掌握着法律法规、政策文件、发展规划、统计数据等大量信息资源，我国从中央到地方各级政府都设立了政府信息公开墙，定期制作和发布政府信息公开手册，为相关信息的收集提供了便利。二是传统媒体，主要包括期刊、报纸、图书、百科全书等公开出版物，以及广播、电视等图像语音媒介。传统媒体一般拥有正式机构，雇用专业的记者、编辑等信息工作人员，因此，所发布信息的质量比较高，特别是重要、权威、深度的信息，很多是通过传统媒体发布。三是互联网新媒体，随着互联网尤其是移动通信的兴起，互联网信息呈现爆炸式增长，通过互联网发布信息具有速度快、成本低、形式多样的优势，为小企业及个人等以往难以拥有传统媒体资源的主体提供了发声平台。智库可以获取信息的互联网渠道包括行业网站、企业官网、论坛、贴吧、博客、社交网络、自媒体平台等。需要注意的是，由于信息发布主体庞杂、不经过专业审核和编辑，信息质量往往不高，智库需要对信息真实性、完整性等做更多甄别。

2）加快建设私域信息资源库。私域信息资源库主要包括由智库专有、不对外共享的信息。相比人人皆可获取的公开信息，私域资源库或由智库自行建设，或与合作方共建，或通过付费的方式获取，智库拥有信息的独占性。依托这类资源，智库往往可以产出独到的研究成果，是其核心竞争力所在。一是建立内部信息资源库，主要包括智库所在公司或所属上级公司各个部门在生产经营中产生的信息，例如，公司周例会、月度例会、季度会、务虚会、年终会、职代会等会议的材料和纪要，公司批示、通知、发文等重要的公文，办公系统、ERP 等信息系统平台的数据及统计报表。为了促进信息从企业其他职能流向智库，要做好智库人员查阅、调用相关信息的权限管理，在确保数据安全的前提下合理开放信息入口，要加强智库与战略、秘书、督查、财务、计划等信息密集职能之间的联系，推进职能间信息沟通、资料共享。二是购买付费信息资源库，主要包括第三方机构信息和专业数据库信息。第三方机构主要包括其他智库、咨询公司、市场调研公司、律师事务所、会计师事务所、证券公司等，以国务院发展研究中心、中国社科院、中央党校等高层级智库，麦肯锡、波士顿、贝恩、埃森哲等咨询公司，特恩斯、尼尔森、益普索、艾瑞等市场调研公司为代表。专业数据库主要包括学术数据库和行业数据库，学术数据库收录期刊论文、发明专利、技术标准、科技成果等学术文献，并提供分类和检索功能，国外的代表性数据库有德国 Springer Link、美国 Wiley Interscience、美国 ProQuest、英国 Blackwell、英国 Ingenta、荷兰 Elsevier 等，国内的代表性数据库有中国知网、万方数据、超星数字图书馆等。行业数据库收录行业政策、业内新闻、企业简介、生产经营报表等信息，并支持客户模块化订阅和个性化分析，国外的代表性数据库有彭博、路透社等，国内的代表性数据库有万得、恒生聚源、锐思、巨潮等。

（二）信息渠道的构建方法和工具

渠道网络的构建为企业智库提供了丰富的信息源，为了高效、精准地抓取渠道前端信息，并对获得的信息进行有效组织，需要打造科学的方法论体系及工具库，学习并掌握互联网时代的数字化技术，使得信息的收集和组织更加科学和规范。

（1）一手信息收集方法库。企业智库直接生产创造的信息称为一手信息，主要通过调研、访谈、问卷、实验设计等方式直接获得。一手信息由智库针对所研究的问题生产，内在价值更高、独占性更强，且信息不经过媒介的多次转载和加工，更加及时可信。目前，大部分的企业智库在信息收集上较为主观，亟需开展方法论研究和创新，为一手信息收集提供科学的规则和路径，可重点围绕以下方法构建信息获取能力：

1）观察法。通过对研究对象的持续观察、系统记录来获取信息，优点在于记录了真实情景的第一手资料。根据观察者融入情境的差异，观察法可以分为参与式观察法和非参与式观察法。参与式观察中，调查者参与到所研究的社会情境中，以成员的眼光了解被研究的社会群体；非参与观察中，调查者则置身于被观察活动或团体之外。

2）现场访谈法。通过提问与回答，与被调查者进行交谈，优点在于能够获得被调查者对访谈问题的深入见解。从访谈对象的数量看，可以分为一对一访谈和一对多访谈；从访谈的结构看，可以分为结构化访谈、半结构化访谈和开放式访谈。在结构化访谈中，对所有被访问者提出的问题，提问的次序和方式，以及对被访者回答的记录是完全统一的；而在开放式访谈中，并不预先设定标准问题，只是引导被访谈者自由发表自己的看法。

3）问卷调查法。通过让被调查者填写与研究目标有关的问卷，来了解某些事实或意见。问卷调查法的优点在于节省时间、经费和人力，匿名性较好，有利于收到真实的信息。调查问卷设计是调查者将希望获取的信息转化为简单、明确的问题的过程，问题根据形式可以分为开放型和封闭型两种。封闭型问题由调查者事先设计好备选答案，被调查者选择合适答案即可，便于开展统计分析，但不易获得较为全面的信息；开放性问题只有题目而没有备选答案，由被调查者自由作答，有利于获得更加全面的信息，但也可能获得无效信息，且由于答案不规范，统计分析难度较大。

（2）自动化信息获取技术。按照人工参与程度，信息搜集可以分为手动采集、自动采集和半自动采集。随着大数据时代的到来，手动和半自动采集信息的效率难以适应信息爆炸的需求，自动信息采集技术迅猛发展。大数据的数据来源一般分为日志数据、Web 数据、数据库数据等，根据数据来源的不同，采用的自动采集方法和技术也不同。企业智库应重点围绕以下信息自动采集技术构建信息获取能力：

1）系统日志采集技术。系统日志是记录系统中硬件、软件和系统问题的信息，包括系统日志、应用程序日志和安全日志。目前应用最广泛的系统日志采集工具包括：Hadoop Chukwa、Apache Flume、Facebook 的 Scribe、Linkedin 的 Kafka。以上工具均采用分布式架构，能满足每秒数百 MB 的日志数据采集和传输需求。

2）Web 数据采集技术。目前 Web 数据采集有两种方法，一种是 API 法，另一种是网络爬虫法。API 又叫应用程序接口，是网站管理者为了使用方便而编写的一种程序接口，可以屏蔽网站底层复杂算法，仅通过简单调用即实现对数据的请求功能，目前主流的社交媒体平台均提供 API 服务。网络爬虫是一种按照预先设定的参数进行自动抓取网页的程序，从一个初始网页超链接地址开始，获得网页内容并提取其中的超链接，将超链接放入待抓取队列中，重复上一步骤获得新网页内容并提取其中的超链接，直到满足停止条件。网络爬虫技术可以将非结构化、半结构化数据从网页中提取出来并存储在本地，目前应用最广泛的开源爬虫工具包括 Labin、Nutch、Heritrix、Scrapy 等。

3）数据库同步技术。智库所在企业或其上级企业的业务数据是智库信息的重要来源，企业一般使用 MySQL 和 Oracle 等关系型数据库或 Redis、MongoDB 和 HBase 等非关系型数据库来存储数据，因此将数据从企业数据库同步到智库数据库中是常见的信息采集场景。数据库同步一般分为直连同步、数据文件同步和数据库日志解析同步三种方式。其中，数据库日志解析同步可以实现毫秒级延迟且对数据库的影响很小，是目前最为主流的数据同步技术。

（3）智能化信息组织技术。信息组织是信息管理的一个重要环节，是采用一定的原则和方法对信息的内容特征和外部特征予以描述和有序化处理，实现无序信息流向有序信息流的转换。对于企业智库而言，从各类渠道收集到的原始信息是杂乱无章的，只有经过信息组织这一过程，对信息进行有序化处理，才能进行下一步的检索与分析。常见的信息组织方法包括分类法与主题法，前者根据事物的属性和特征加以区分和类聚，后者以表达主题内容的语词作为检索标识提取主题信息。近年来，随着人工智能技术的发展，传统的分类法、主题法可以借助自然语言处理及聚类分析工具实现。此外，以知识图谱为代表的信息组织方法应运而生，能够针对特定主题下的信息资源进行网络化和图形化组织，显示该主题下的概念、实体和关系，大大优化了信息检索、分析的效果。企业智库也应顺应时代潮流，重点围绕以下技术构建信息组织能力：

1）自然语言处理技术。智库收集的大部分信息以电子文本的形式存在，面对规模庞大的文本数据，自然语言处理技术作为计算机科学和语言学的交叉学科，其重要性日益凸显。该技术通过文本分句、文本分词、词性标注、关键词提取等分析手段，提炼出信息最本质的文本特征。其中，关键词提取是自然语言处理技术的核心，其常见算法包括 TF-IDF、TextRank、Word2Vec 等。

2）文本主题聚类技术。在依托自然语言技术提取了信息的文本特征后，还需要自动判定文本并划归到事先规定的类别中，从而将所需信息从众多信息中过滤出来，这就需要用到文本主题聚类技术。该技术通过构建空间向量模型并采取降维算法减少向量维度，计算待归类信息样本之间的逻辑距离，以判断某个信息样本属于哪一个簇，从而实现各信息样本的分配。常用的文本主题聚类算法有HAC、HDC、CURE、OPTICA、K-means 等。

3）知识图谱技术。知识图谱是一种用图模型来描述知识和建模事物间关联关系的技术方法，通过 RDF 即"实体 – 关系 – 另一实体"或"实体 – 属性 – 属性值"集合的形式，以人类对世界认知的角度阐述世间万物之间的关系。将知识图谱技术应用到智库的信息组织中，能够用图形的方式来揭示某一研究主题下复杂的信息结构，其中图谱中的每个节点代表一个信息实体，连接节点的边代表了信息实体之间的关系。知识图谱适合开展交互式探索分析，可以模拟人的思考过程去发现、求证、推理，例如，通过开展路径分析揭示信息实体之间的连接链路，通过开展社团分析揭示信息实体的相似性，通过开展中心性分析识别信息实体在整个网络中的重要性。这些都能够帮助企业智库研究人员对某主体的知识脉络有更全面、深入的把握。

第六节　专业化的业务框架

一、专业化业务框架的内涵

企业智库是企业实施决策的参谋和政府开展决策的外脑。为决策者提供新颖的信息、视角、观点和方案，从而打破信息茧房，突破思维定式，实现科学决策支撑，是企业智库的核心价值所在，也是其搭建专业化业务框架的出发点和落脚点。面对"外脑"和"参谋"两种形态的需求，企业智库应在选题、研究和呈现上具有专业化的表征。

（1）选题专业化。企业智库要想影响政府或企业决策，首先必须确定议题，然后才能够对议题进行研究形成观点和理念，进一步输出为咨政建议。因此，智库的专业化首先体现为选题的专业化，这是后续研究专业化和呈现专业化的起点。专业的选题应该寻找一个独特的切入角度，这一角度既能够击中用户决策的痛点、满足其咨询的需求，又能够契合智库所擅长的研究领域或运用智库所独有的资源，便于智库提出具有原创性、独到性的见解。换句话说，企业智库应综合用户需求和自身优势确定选题方向，好的议题应该是两者的结合点。例如，"碳达峰、碳中和"战略的提出使政府在制定产业政策时，将节能和环保作为一个重要因素来考量，能源电力行业是碳排放重点行业，对于能源电力企业智库而言，行业碳足迹及低碳发展战略研究就是一个较好的选题方向。

（2）研究专业化。研究过程是将人才的智力资源凝结为物化载体的过程，通过开展调研、分析、辩证和探讨，企业智库对研究议题抽丝剥茧、条分缕析，最终提出针对用户决策需求的方案、策略和建议。研究的专业化主要体现为踏实严谨的研究态度和先进科学的研究方法。具体来说，企业智库应建立一支高水平的研究队伍，以求真、务实的科学精神为指引，一丝不苟地开展研究工作。此外，还应该下功夫打造自身的研究方法体系，从各个学科经过检验的方法论、模型和工具中博采众长，并进行适当地发展和创新，使研究的事实基础更加牢固、逻辑推理更加严密、产出结论更加可信。为此，企业智库应对研究质量进行管理，对研究人员行为进行监督，对研究过程及产出进行跟踪和评价。

（3）呈现专业化。企业智库要将研究成果完整、准确地传达给用户，需要借助一定的呈现形式和载体实现。呈现形式指用来表述成果的文字、声音、表格、图片、视频等方式的总和，呈现载体则一般包括内参专报、论文专著、研究报告、会议发言、专家评论等。呈现专业化要求研究成果与呈现形式、载体相匹配，一方面呈现形式有利于用户理解和接受成果，另一方面呈现载体方便用户搜寻和获取成果。例如，科技类的智库成果复杂、专业，如果用户缺乏相关背景，很难理解成果内容，这时可视化的呈现形式如统计图表、语义网络、知识图谱等就可以发挥巨大作用，将成果更加直观、具象、生动地传达给用户。又如，政府制定特定决策往往需要针对性较强的独家研究成果，这时企业智库可通过内参专报这种载体向上呈现内部成果，无论在传达速度还是保密性上都比较合适。

二、专业化业务框架构建的必要性

随着企业发展规模扩大、业务领域愈发复杂，其对决策科学化的需求程度越来越高，为了更好地支撑企业科学决策和行业发展，企业智库有必要开展专业化建设，构建专业的业务框架，对企业所面临的现实决策问题或行业发展前沿问题开展深入研究和系统分析，形成有建设性的对策建议和决策支撑方案。

（1）专业化业务框架构建是企业智库支撑科学决策的重要前提。企业战略目标是否能够顺利达成，取决于企业决策、执行、监督工作的有效开展，企业智库作为企业决策的重要支撑，其业务专业程度是企业科学决策的重要前提。因此，企业智库的专业化业务框架构建是企业科学决策的追求，通过高质量的专业研究成果和多维度成果传播机制的有效配合，有利于企业智库在决策支撑中发挥更大作用。

（2）专业化业务框架构建是提升企业智库影响力的核心路径。企业智库通过多种途径向企业决策者、行业政策制定者、社会公众等输送研究成果，智库产生的影响力是其研究成果发挥作用的最终体现，由智库长期输出专业化的研究成果积累而成。企业智库不断发挥作用、形成自身影响力的根本在于其研究成果在多大程度上能够辅助服务对象开展决策，因此，有必要夯实企业智库的专业化水平，构建专业化的智库业务框架。

三、专业化业务框架构建的总体思路

围绕企业智库业务框架建设应在选题、研究和呈现上具有专业化的核心需求，本节提出从产品体系、质量体系、传播机制三个方面构建企业智库专业化的业务框架。

（1）建立特色产品体系。企业智库的研究业务选题应该围绕服务对象的需求展开，明确智库所服务的用户及其核心需求，摸清决策支撑需求的多维特征，从专业领域、需求类型、需求深度等方面入手，把握智库研究工作的锚点。在此基础上，围绕企业智库的受众特征、企业基因、历史沿革、资源基础等打造智库产品组合，支撑企业决策。

（2）建立全面质量体系。智库产品的质量水平是其研究专业性的具体体现，企业智库应该建立全面的产品质量体系，对其研究产品的全过程进行质量把控。首先，应该确立企业智库产品的质量标准，为智库后续产品的质量评判建立明确、统一的标尺，同时作为打造高质量智库产品的确切目标；还需要在智库内部构建体系化的研究方法库，为研究人员提供便捷可用的方法工具，进一步确保企业智库研究工作的高质量进行。

（3）完善成果传播机制。企业智库的产品最终都以一定的形式呈现，作为智库研究的成果交付给服务对象及不同类型的受众。优化产品呈现形式能够引起受众对智库成果的关注，同时辅助不同类型的受众理解智库研究产品；此外，企业智库的研究成果值得开展多轮价值挖掘，促进智库产品价值升华，扩大智库成果影响力。

四、专业化业务框架构建的重点举措

（一）建立特色产品体系

智库产品是企业智库资源水平、研究能力、运营管理的综合反映，是其施加对外影响力的核心载体。企业智库要扎根于企业，建立具有自身特色的产品体系，可以重点从以下三个方面着手：一是要准确识别服务对象，摸准潜在受众的需求；二是要进行市场细分，甄别不同需求的差异；三是要寻求差异化定位，定制化地推出满足特定需求的产品组合。

（1）捕捉用户需求。智库研究主要是以问题为导向的，一定程度上可以说，找到了正确的问题就完成了决策咨询工作的一半。因此，企业智库的首要任务就是清晰地回答，聚焦上级决策者"目前关心什么事件？""需要做出的重大决策是什么？""决策即将或已经遇到什么困难？"等问题，从而准确界定决策当局的有效需求，并根据需求来"校准"智库产品的定位，使研究工作的开展有的放矢。

要实现这一点，企业智库需要从两个方面开展工作。首先，要建立与决策者畅通的沟通渠道，能够及时了解决策者所面临的决策处境。针对政府决策者，可以参加政府举办的座谈会、学术研讨会和听证会等捕捉需求；针对企业决策者，可以参加企业的党委会、办公会、生产经营分析会、职工代表大会等捕捉需求。其次，要在细分领域深耕细作，提高对该领域研究需求的敏感度。

企业智库立足于企业，一般聚焦于所在行业的共性问题，或在政府行业政策、监管策略等方面开展决策咨询，研究领域相对集中，容易构筑起专业化优势。企业智库的研究人员只有长期锁定特定领域，扎实开展研究工作，才能掌握丰富的领域知识、形成成熟的研究思路和体系化的研究观点，最终在该领域实现熟能生巧，从而敏锐察觉领域动态，深入洞察问题本质，直击决策者的咨询需求。

（2）分析需求特征。企业智库为政府和企业的决策服务，需要满足决策过程中的用户潜在需求。用户需求是一个整合的概念，以解决问题为导向，以高质量研究成果为核心，也包括消费智库产品的综合体验需求，如搜寻、获取、互动等需求。具体来说，用户需求可以分为以下四个方面：

1）专业领域需求。指用户对于成果主题方面的需求，该需求往往与决策主体的层次信息息息相关。例如，政府层面的决策主要涉及政治、经济、产业、法律、环境、社会等领域；企业层面的决策主要涉及业务规划、竞争策略、管理提升、重大项目、技术创新等领域。

2）决策类型需求。指用户对于成果内容方面的需求，该需求往往与决策的阶段息息相关。无论是政府还是企业，决策链条一般包括决策预研、决策制定、决策实施及反馈的过程，智库通过提供不同内容的成果参与决策链全过程。例如，在决策预研阶段，智库提供学术理论、事实数据、决策模型等内容的成果；在决策制定阶段，智库提供数据挖掘、趋势预判、情景分析等内容的成果；在决策实施及反馈阶段，智库提供问卷调查、现场访谈等内容的成果。

3）决策支持深度需求。指用户对于成果决策支持深度方面的需求，支持深度越深则成果的价值密度越高，一般可按照支持深度从小到大分为信息、知识和智慧三类。信息指不夸大、不缩小、不带倾向性地真实反映客观事物的动态；知识指对信息进行综合集成和系统分析，探索事物的发展规律和相关关系，给出完整而系统的研究结果；智慧指在研究分析的基础上，为需求者提供解决问题的谋略、思路、对策、方案、措施、办法或建议等。

4）附加价值需求。指用户对于成果内在智力价值以外的需求，包括成果产出的时效性、表述的易读性、获取的便利性等，也就是说，成果应不仅帮助用户解决特定的决策问题，还应注重降低用户的时间、精力、金钱等成本。例如，在时效性方面，各类决策对智库成果时效性需求的差异巨大，规划编制、政策制定等决策的时间周期以年或月计算，产品开发、新品定价等需要客户行为、竞争对手的最新情报，决策时间周期以天甚至小时计算。在易读性方面，不同用户对于成果表述的逻辑性、行文的流畅性、用词的准确性以及内容编排的图文并茂均有不同的需求，这些表述方式直接影响着用户理解和认知水平。

对于某一项特定的决策咨询工作而言，需要满足的是以上一揽子需求的总和，用户根据整体需求的满足程度决定满意度。例如，某智库为企业科技规划的落地情况提供现状分析，从专业领域看，属于科技创新主题；从决策类型看，属于决策实施及反馈阶段；从决策支持深度看，属于知识类的调研报告；从附加价值看，属于时效性较强的现状调研报告，要借助较多的数据及图表呈现。

（3）打造产品组合。企业智库的生命力在于特色鲜明，应瞄准所服务的决策者，围绕其在专业领域、决策类型、决策支持深度、附加价值四个方面的需求，结合自身的优势进行差异化定位，从而有选择、有取舍地满足以上需求，形成具有特色化的智库产品组合。

国外顶尖智库聚焦于特定服务对象或领域，研究方向和主题明确，研究成果具有权威性，产品品牌效应显著。以美国布鲁金斯学会为例，该学会主要从事社会科学方面的研究和教育。英国萨塞克斯大学科技政策研究所是科学和技术政策与管理领域最早的跨学科研究中心之一，在科学技术和创新政策研究方面处于世界领先地位。

国内智库也在产品特色化方面不断摸索。例如，阿里研究院发轫于网商研究，生长于阿里巴巴生态，坐拥阿里巴巴旗下淘宝、支付宝、1688、闲鱼等平台积累的海量数据资源，在数字化研究上拥有良好基础，对电子商务行业拥有深刻洞察。基于自身优势，其提出了阿里巴巴网购核心商品价格指数（aSPI-core）、阿里巴巴全网网购价格指数（aSPI）、阿里巴巴电子商务发展指数（aEDI）等数字化指数，在智库的各类产品类别中独树一帜，堪称是产品特色定位的典范。

企业智库在策划特色产品时，可以从以下四个维度考虑：

（1）*受众特征*。企业智库的产品受众一般包括政府决策者、企业决策者和社会大众，不同受众有其独特的关注问题，且受限于知识、视野、认知等因素，受众对于同一议题的价值诉求也不同。因此，智库要对受众进行细分，并为不同人群推出定制化的产品。例如，能源企业智库可面向发改委、能源局、行业协会等分别推出不同产品。

（2）*企业基因*。企业智库立足于企业，这是其不同于其他智库的根本属性，因此，应从企业的经营和管理入手，寻找企业重点议题与政府政策制定的交叉点，寻找企业所在行业的关键、紧迫问题，寻找同类型企业面临的共性问题，作为产品潜在的研究主题。例如，电网企业智库以企业的输配电业务为依托，可推出以电力市场建设、能源安全、可再生能源投资等主题的相关产品。

（3）*历史沿革*。对于有较长运营历史的企业智库，应回顾自身的发展历程，总结取得用户高度赞扬的研究项目及成果，从中提炼自身擅长的研究主题、成熟的研究方法、经典的成果呈现模板等，作为未来特色产品的基础。例如，某智库擅长开展民意调研，拥有众多成功的项目案例，则应该以调研经验为依托推出相关产品。

（4）*资源基础*。企业智库还应对自身资源现状进行盘点，包括自身拥有的数据库、信息化工具、研究团队等，从自身优势和专长出发决定产品定位。例如，某智库拥有海量的独家数据资源，以及开展数据挖掘的专业化团队，则应该依托数字化优势推出相关产品。

（二）建立全面质量体系

质量是智库产品的生命线，是企业智库能否满足最终用户需求的关键所在。建立全面质量管理体系应从三个方面着手：一是明确产品质量标准，对质量进行科学、全面、明确、量化的评价；二是应用先进的研究方法，通过"利其器"实现"善其事"；三是严格管控产品生产过程，以业务流程为线索，把好每个关键节点的质量关。

（1）制定产品质量标准。标准是评判质量的尺度和准绳，只有建立明确、统一的质量标准，才能区分出各智库产品的优劣，为保持、提高产品质量提供方向指引，促进智库实现一流的产品质量，因此，质量管理必须"标准先行"。

国外先进智库制定了以下 10 项高品质智库研究标准，可供企业智库参考：选题时要合理界定问题，明确研究目的；研究过程中精心设计和执行研究方法；应了解其他相关的研究项目；使用最优数据和信息；研究假设明确且合理；研究结果代表与现有知识相结合的新知识；提出相关的启示意见和建议；研究文献应当表达准确、通俗易读、结构清晰；研究有使用价值，关乎利益相关者和决策者；研究观点要客观、独立和公平等。基于上述标准，兰德公司还进一步提出了杰出的研究工作的 3 条标准：综合性、创新性、持久性。其中，综合性要求充分发挥多学科的研究风格，从多角度开展研究形成综合性整体；创新性要求研究结果对研究领域的理解有所增加，或是从方法和想法的角度解决旧问题；持久性要求围绕研究问题开展具有持久价值的洞察力研究，并通过系统性记录、构建全面记录文档来坚持研究。

企业智库应结合自身的定位和风格，明确智库产品的质量评价维度，建立各维度的评价指标体系，通过指标评分和加权计算，实现对产品质量的量化度量，提高产品质量管理的规范性和科学性。

（2）运用科学研究方法。企业智库的核心竞争力来源于高质量的成果产出，而高质量的成果必定基于科学的研究方法，只有构建体系化的研究方法库，并随着时代发展进行方法创新，才能在激烈的竞争中立于不败之地。定性研究和定量研究是智库研究方法的基本分类。定性分析方法主要有归纳统计和思辨演绎两类，在现有人文学科中有广泛的应用。在信息科技的推动下，智库研究尤其重视定量方法的运用，统计学和运筹学被广泛用于数据分析和文本解析。文献计量方法、评价指标体系、科学预见、二维矩阵等定性定量相结合的方法也十分普遍。例如，欧盟联合研究中心通过组织"未来导向技术分析"会议，形成了包括 13 类方法族、55 种具体方法在内的方法体系。

企业智库可以从以下方面积累和创新研究方法，形成体系化的研究方法库，为研究人员提供方便、易用的工具箱：①逻辑经验类分析方法，如历史经验分析法、指标与症候分析法等；②定量分析方法，如趋势外推法、回归分析法、贝叶斯法、关联规则法、神经网络法等；③团队分析方法，包括头脑风暴法、德尔菲法、故意唱反调法、A 队 B 队法等；④结构化分析方法，如系统分析、功能分析、因果分析、矛盾分析、比较分析、成本－收益分析等。

（3）开展全过程质量管控。智库产品生产全过程包括选题策划、研究实施和成果发布阶段，每一个阶段都有可能出现质量问题，因此，需要围绕以上关键阶段，运用合适的组织模式和管理机制，对质量进行密切监控和及时纠偏。

成果的全过程管控机制可以分为三个阶段。在选题策划阶段，认真开展课题研讨和论证，对选题质量层层把关；在研究实施阶段，遵循智库制定的产品质量标准，严格开展研究质量监督评审，对质量不合格的产品督促整改，整改后仍不合格的拒不采纳；在成果发布阶段，加强与受众的互动交流，及时倾听、吸取受众提出的批评意见、改进建议，并对来自受众的信息进行整合，而有选择地对智库产品进行再次的质量提升、内容扩展或精简。

（三）完善成果传播机制

企业智库的专业影响力同其研究咨询质量密切相关，同时也与成果传播有着密切的关系。成果传播由三方面因素决定：一是成果的呈现形式，例如，是否具有视觉冲击力、便于识别和记忆等，这决定了成果自身的易传播性；二是成果的传播渠道，例如，是否全面覆盖各类受众、渠道与受众是否匹配，这决定了受众获得产品的成本；三是多成果整合营销，例如，对相关成果进行汇总、打包和提炼，这决定了成果矩阵的整体传播力。接下来，本节将从上述三方面提出策略建议。

（1）优化产品呈现形式。构建了特色化产品体系后，企业智库应该优化每类产品的呈现形式，以满足不同受众的信息接受需求。通过优化呈现形式，激发受众对产品的兴趣、促进受众理解和认同，进一步自发帮助智库产品进行二次传播。优化智库产品的呈现形式，可以主要从以下三方面着手：

1）强化第一印象。思想市场上智库产品众多，受众目不暇接，而受众选中智库产品的前提是能及时发现该产品，因此，智库要对产品进行适当的编排和包装，例如，将智库观点提炼为脍炙人口的概念、口号等，以迅速抓住受众眼球。

2）易于阅读理解。智库产品的语言文字、词语、句式等要符合规范用语的表达要求，务求简洁、完整、正确、通畅，又要生动、形象、活泼。此外，还要针对不同受众的特征调整话语体系，改变表达方式和内容深度。例如，针对社会大众的产品可以相对口语化、通俗化，针对政府决策者的产品不能过于学术化、理论化。

3）有助强化记忆。在互联网时代，多媒体的发展改变了用户接收信息的习惯，以往以文字为主要载体发展为文字、图片、声音、影像的综合，甚至借助于AR、VR等新技术，可以给予受众视觉、听觉、嗅觉、触觉等全方位的沉浸式体验，智库应借助多媒体手段强化产品的感官冲击力，以加深观点表达力度，强化用户记忆。

（2）打造多层次传播渠道。智库产品要产生影响力，其中一个前提条件是受众能够方便地以低成本获取产品，这要求智库产品的传播渠道应该是多样化的组合。智库应针对不同受众的信息偏好，围绕特定的产品类型、决策情境、阅读场景选择渠道组合，形成全方位的成果传播机制。

美国智库在成果传播渠道建设方面有许多值得借鉴的经验，它们既通过传统报纸、杂志、书籍等渠道，也通过现代化的网络渠道进行智库产品的传播，还通过组织包括早午餐讨论会、研讨会、新书发布会、纪念会、培训、参与政府听证会、访谈、演讲、报告等活动，与智库成果的潜在受众进行沟通。我国企业智库可以重点拓展以下渠道：

1）大众媒体。主要指书籍、期刊、报纸、学术会议、专业网站、电视节目、广播电台等传播载体或渠道，适用于发布时政评论、学术观点、形势综述、科技知识普及等类型的成果。从受众范围上看，大众媒体辐射的人群数量大、类型多，具有非定向性和随机性；从内容特征上看，大众媒体所发布的观点一般温和、中立，具有普适性；从影响效果上看，大众媒体主要通过影响社会舆论间接推动政府决策，而非直接向政府政策进行影响，智库在这一过程中是一个观点和方案的提供者和宣传者，而真正推动决策的是多元的社会力量。

2）闭门会议。指不面向社会大众、仅向智库人员及特定用户开放的内部交流会议，如专题研讨会、政策分析会、形式通报会、战略推演会，适用于发布政策主张、独家观点、危机预警、战略构想等。从受众范围上看，参加闭门会议的往往是小范围的"圈内人"；从内容上看，所发布的一般为纪要文档、内部资料、涉密情报等，具有较强的针对性、机密性、敏感性和批判性；从影响效果上看，能够对决策当局起到较为直接、及时、有效的推动、佐证和纠偏作用。

3）定向报送渠道。指智库自身创办、定期向特定组织报送的非公开出版刊物，如内部通讯、咨询参考、成果简报、专题快报等。从受众范围上看，报送对象一般为政府部门、企业高层、学术机构、行业学会等；从内容上看，主要报送用户定制研究成果，如国际形势、科技前沿、舆情分析、政策解析、经验介绍等，具有较强的针对性、创新性和时效性；从影响效果上看，能够对决策当局施加直接影响，极有可能引起相关领导的重视而予以批示督办，或在决策中采纳吸收。美国的主要智库都发行自己的刊物，例如，布鲁金斯学会的《布鲁金斯评论》（Brookings Review）、对外关系委员会的《外交事务》（Foreign Affairs）、兰德公司的《兰德评论》（Rand Review）、国家战略研究中心的《华盛顿季刊》（the Washington Quarterly）等。

4）付费数据库。指智库基于自身特色研究领域，通过自主选题开展长期性、系统性、前瞻性研究，将研究成果集成于自建数据库中，用户通过付费取得数据库使用权限，由数据库向用户推送订阅内容，或由用户自行登录并下载成果。从受众范围上看，主要面向政府、高校、企业等组织进行定向销售推广；从内容上看，成果具有较强的综合性、独特性、权威性、系统性；从影响效果上看，用户的付费行为体现出其对数据库的高度信赖和认可，因而成果对受众的影响力较强。例如，布鲁金斯学会利用网站提供最新资料、数据、音像资源的下载服务，并借助 Newsletter 与 RSS 技术，向用户精准推送订阅内容。

多种传播渠道对比见表 4-3。

表 4-3　　　　　　　　　　多种传播渠道对比

传播渠道	大众媒体	闭门会议	定向报送	付费数据库
受众范围	人群数量大、类型多，具有非定向性和随机性	小范围的"圈内人"	政府部门、企业高层、学术机构、行业学会等	政府、高校、企业等组织
内容特征	观点温和、中立，具有普适性	一般为纪要文档、内部资料、涉密情报等，具有较强的针对性、机密性、敏感性和批判性	主要报送用户定制研究成果，具有较强的针对性、创新性和时效性	成果具有较强的综合性、独特性、权威性、系统性
影响效果	主要通过影响社会舆论间接推动政府决策，而非直接向政府政策进行影响	能够对决策当局起到较为直接、及时、有效的推动、佐证和纠偏作用	能够对决策当局施加直接影响，极有可能引起相关领导的重视而予以批示督办，或在决策中采纳吸收	成果对付费用户的影响力较强

（3）开展产品价值挖掘。企业智库因其隶属关系的特殊性，很多产品往往单独发布，发布后大量堆积起来，很难得到二次利用。事实上，过往的智库产品蕴藏了大量的潜在价值，是一座座有待发掘的金矿，通过将独立的智库产品回炉再造、开展系统化研究，能够促进产品实现价值升华，也有利于独立产品的进一步传播。

最常见的方式是对同一主题下的智库产品进行整合，推出系列化产品或深度洞察类产品。系列化产品是将某主题下以往的产品集结、汇总，让受众对该主题有更加全面的认识，此外，依托时间线、逻辑线等对相关成果进行梳理，能够更加清晰地反映该主题的研究脉络与发展历程。深度洞察类产品是对同一主题下的新闻资讯、统计数据、调研情况、专家观点、政策建议等进行交叉分析，建立不同内容间的关联关系，实现互为引证，从而提炼出以往成果不具备的新结论、新洞见、新建议，使该主题的研究得到升华。

第七节　生态化的内外协作

一、生态化建设的内涵

（一）企业智库生态化的概念

企业智库生态化建设应用了生物学和组织生态学等学科的丰富内涵，在生物学领域，生态圈指由各种生命物质与非生命物质组成的开放且复杂的自我调节系统。商业生态的发展，在很大程度上与自然生态相似，每一个企业都有自己及上下游产业链共同形成的一套商业体系，企业之间互利共赢、共同发展。传统商业生态是以价值链为基础，上下垂直发展，而新的商业生态还拓展了横向协同发展，共创共享模式取代了竞争模式，持续发展模式取代了成长衰落模式。

企业智库内外协作本质上是企业智库与内外部环境及其他组织机构进行互动，在理论层面，可以借鉴组织生态学中描述主体与其生存环境之间的相互作用和演化跃迁的组织生态化概念，从生态学的眼光来看待企业智库内外协作关系的建立、发展及最终形态的生成。

企业智库生态系统指的是由企业智库及其利益相关者、其他组织机构以及他们所在的内外部环境按一定规则合作共同建立起的一个多维网络体系，一个通过内外结合来支撑、涵养企业智库生存发展并输出能量的价值平台。该系统包含跨越不同地区、领域和学科的众多子系统，各利益相关者通过平台作用撬动其所在子系统的其他参与者的能力，提升系统创造价值的能力，并从中分享利益，在各要素的有机联动中发挥"1+1＞2"的效果。

企业智库生态化建设是一种跨越区域、行业限制，覆盖不同社会属性特征的高级社会系统建设，因而它不能依靠丛林法则自我生成。建设中国特色新型智库生态，需要国家布局和市场选择相结合，进行必要的规划和顶层设计。

（二）企业智库生态系统特征

企业智库生态系统的协作产出过程即是该系统的演化跃迁过程，可借助生物学隐喻来理解企业智库生态系统的结构要素及其特征，以生物学的视角看待企业智库生态这一社会系统的组织和现象，以及系统内各主体之间、主体与环境之间的相互关系。总体来看，企业智库生态系统应具有多样性、共生性、演变性、开放性的特征（见表 4-4）。

表 4-4　　　　　企业智库生态系统的生物学隐喻

生物学隐喻	企业智库生态系统
生物个体	各企业智库
种群	单一企业智库及其内外协作主体（各类智库、专业公司、研究机构、政府、媒体、国际组织、国内外企业等）形成的群体
群落	各企业智库及其内外协作主体形成的群体
生态系统	企业智库、内外协作主体、内外部环境共同构成的统一整体

（1）组成特征：多样性。企业智库生态系统由企业智库本身、利益相关的其他组织机构及其所在的内外部环境组成。企业智库生态系统的多样性特征表现为：协作主体多样，各类主体在数量、结构、空间分布、功能分工和资源占用上较为合理，相辅相成并保持平衡稳定；协作领域多样，企业智库的协作单位在企业内外部各领域均能起到决策支撑作用，各主体能够在多种领域合作中互利共生；协作模式多样，企业智库可以根据协作需求通过多种形式的合作达成目的。

（2）关系特征：共生性。企业智库生态系统与生物生态系统相比，其竞争性依然存在，但更多是强化了彼此间的联动、共赢和整体发展的可持续。企业智库生态系统的共生性特征主要表现在各协作主体的关系上，在系统内部，各个协作主体不再各自为战，而是有着共同目标，相互支撑、共生，通过信息优势整合资源，形成一个完整的闭环。

（3）时间特征：演变性。企业智库生态系统自发展伊始，具有从简单到复杂、从低级到高级的发展演变规律，随着时间的推移，系统整体生产力逐渐提高。企业智库生态系统的演变性特征表现在：协作主体数量逐渐增多、种类逐渐丰富、地域范围逐渐扩大；协作领域逐渐深入、拓展；协作模式愈发多元、稳定；协作机制逐渐成熟、完善。

（4）空间特征：开放性。企业智库生态系统是一定程度的开放系统，企业智库需要不断从其他组织机构处获取资源和经验，经过多主体协作实现系统内的能量交换与转变。企业智库生态系统的开放性特征表现在：协作主体保持开放包容的态度，愿意同系统内其他主体进行开放协作；在协作领域的选择上不固步自封，不断进行有利于生态系统内各主体发展的尝试；不断开拓多种类型的协作模式，保持系统内主体的合作高效顺畅；协作机制的设定有利于系统的开放性发展，保持机制的灵活变通。

二、生态化建设的必要性

当前社会利益诉求日益多元，各方矛盾显露，国家、社会、企业治理环境发生改变。近年来中国特色新型智库建设如火如荼、各类智库层出不穷，一些大型企业也纷纷成立各自的企业智库，但在资源获取、研究能力、成果产出及影响力等方面尚有不足，面对未来环境的巨大不确定性，仅凭单一企业智库的自我成长和资源积累已无法满足智库发展的迫切需求。在这个互联时代，个体要获得整体的力量，需形成开放与合作的管理模式，企业智库开展内外协作已是大势所趋。

近年来我国大力推行"智库+"模式，旨在突破智库间固有的研究边界限制，采取更为灵活包容的方式进行智库合作，以便集聚和整合各方资源来响应复杂化的决策咨询需求。国家高端智库建设工作会议上也提出，要"开门办智库、开放办智库"，开展"务实有效合作"，即促进智库内部之间、智库与外部之间的交流协作，实现资源互通、平台共建、成果共享，强化跨学科、跨机构、跨部门的合作，以促进智库发展，进而提升智库在课题研究、咨政建言、舆论引导等方面的水平。

企业智库进行现代化建设的内在需求也日益迫切，我国企业智库建设尚处于起步阶段，内部资源储备有限，需要与其所处环境进行交换来进一步获取外部资源和经验，由此产生与其他组织机构开展合作的必要性。在企业智库开展合作的过程中，可以通过关键资源的优势互补，获取先进技术或稀缺资源；此外，一些企业智库由于缺乏科学理念和现代化管理方式的指导，不能较好适应科技、经济、社会等现代化发展新趋势，在与其他组织进行协作时也有机会学习先进管理理念及实践经验，并通过一定程度的调整和创新达到企业智库自身发展壮大的目的。

因此，进行企业智库生态化建设，开展多元化、宽领域、全方位的企业智库内外协作，打造企业与外界联系的桥梁，有助于企业智库提升自身的社会影响力，同时为企业发展争取更多有利资源、向更高水平迈进，并能进一步促进行业整体发展，使其在推动实现国家治理体系与治理能力现代化进程中发挥积极作用。

三、生态化内外协作的总体思路

多样性、共生性、开放性、演变性是企业智库生态化建设的核心需求，以此为指引，本节提出从协作主体、协作领域、协作模式、协作机制四个方面进行企业智库生态化建设，具体内涵如下。

（1）丰富企业智库生态化协作主体。企业智库生态协作主体是开展高质量智库研究的核心力量，扮演不同功能角色的主体根据相应研究诉求开展生态协作活动，确保理论与实践的有机衔接，加速推进整个生态系统演化进程的跃迁。协作主体按实体归属划分，可分为企业智库所归属的集团内部和集团外部两个圈层，其中，外部圈层可分为智库、高校、媒体、企业、研究机构等多种主体类型；按区域范围划分，可分为国内组织机构和国际组织机构。丰富协作主体可以从上述多个维度展开。

（2）深化企业智库生态化协作领域。企业智库生态协作领域是智库研究发挥作用的主要阵地，指的是企业智库及其协作对象开展业务研究的活动领域，决定了企业智库生态系统的影响力覆盖范围。深化企业智库生态化协作领域可以围绕生态系统的核心主体，即企业智库的研究范围着手，一方面通过内部协作研究企业发展的内生性问题，另一方面以国家政策方针要求和市场需求为导向开展外部协作研究。

（3）优化企业智库生态化协作模式。企业智库生态协作模式是智库与其他主体协作发挥作用的不同形式，企业智库的核心竞争力在于其研究成果的质量，因而产出高质量的智库研究成果便是企业智库生态化建设的核心价值所在，智库生态协作模式的选取关键在于推动企业智库及其协作主体间的合理分工和专业合作，促进系统资源共享和效率优化，使各类主体在协作研究中形成共存、共创、共赢的发展局面。

（4）完善企业智库生态化协作机制。企业智库生态协作机制是开展高质量智库研究的有力保障，是指在企业智库与其他组织机构的协作关系中，实现各协作主体对象之间在协作资源配置、协作关系维护、协作利益分配等的有效方式和方法。其设计应服务于整个系统效能最大化的实现，全方位协调企业智库与其他协作主体的关系，以更好地发挥生态系统作用。

四、生态化内外协作的重点举措

（一）丰富企业智库生态化协作主体

企业智库生态化发展要坚持"兼容并蓄"的原则，充分利用不同协作主体在研究方式、表达方式和视角多样化等方面的特点，实现企业智库生态系统效能最大化。可以从企业智库所归属的集团内部圈层和外部圈层，以及企业智库所在区域内和国际组织间寻找协作对象。

（1）加强企业智库在企业内部的协作。企业内部协作最重要的目标是实现集团化管理的需求，推动企业整体在经济效益、文化制度、社会影响力等方面的发展。对于企业智库所归属的集团内部圈层，其成员企业、业务单元和职能部门都是企业智库的协作对象，企业智库在其中发挥"智囊"作用。由于同属一个集团内部，企业智库与其他各部门间的资金、人员、信息等资源的交换存在天然优势，加强部门间协作有助于企业形成紧密共生的关系。

企业智库应与企业内的各业务单元加强协作，实现企业在多种业务领域的增长需求，应用企业智库在业务价值链中的独立视角，发现各业务链条中的相同客源、可协同资源、同类价值活动等，提出多条业务链协同合作策略，创造企业整体价值链的经济效益最大化。企业智库还应与企业内职能部门加强协作，实现企业上层战略和领导层意志的有效传递，尤其要充分利用企业智库的人力资源优势，为企业良好运作贡献智慧。

（2）加强企业智库外部组织协作。对于企业智库所归属的集团外部圈层，包括政府部门、国家智库、高校、媒体、企业、学术协会、研究机构、国际组织等多种类型的主体。各主体之间存在多种形式的利益交叉，可能出于协同研究、资源共享、经济利益等需求开展短期或长期的协作。

企业智库在此层面进行生态化建设，主要是出于协同研究的需求。可以将国内企业智库同行作为切入点，也可以引入其他专业公司、研究机构、高校智库、社会智库等，在前沿技术领域开展协作研究，发挥民间协作力量。企业智库、研究机构、高校等主体在学术研究中具有显著优势，企业智库作为连接企业与学术界的纽带，可以通过整合各方研究力量，与其他研究机构协同攻关重大技术难题，实现理论研究与实践应用的突破。

企业智库与研究机构间的协作关系可以不断拓展到中央和国家机关等政府部门及其直属智库，形成政企协作关系。企业智库的研究与政府的政策导向息息相关，加强与政府部门及政府智库的合作，便于企业智库及时掌握政策需求，正确把握研究方向。另一方面，企业智库产生的政策研究成果也可以通过政企合作渠道，第一时间传递给政府相关决策者，通过为其提供决策支撑的形式，很可能进一步影响行业相关政策的制定。

此外，企业智库的外部协作需要加强智媒融合，积极联合学者、高校师生、行业领袖等群体共同参与企业智库生态人文交流活动，通过创设学者论坛等平台进一步强化沟通，为企业智库生态协作高质量发展夯实民意基础。

（3）加强区域内组织机构协作。处于同一区域范围内的组织合作具有先天地理优势，一方面该区域内的组织机构根植于同一片生态环境中，受到当地政治、经济、制度、文化、资源等环境因素的共同作用；另一方面这些组织机构肩负着为当地发展出谋划策、贡献力量的使命。不同类型组织机构在知识、人才、资源储备等方面具有比较优势，企业智库可以通过加强与区域内组织机构开展合作，如地方政府、地方高校、地方智库等，通过合理分工协作、进行优势互补，促进当地政策导向、决策需求与企业智库研究方向的充分融合，为企业发展带来更大优势，同时，使企业智库研究成果能够有利于企业、地方政府、其他组织机构等更广阔的受众群体。

（4）加强国际组织机构协作。企业智库也需要尝试跳出地域限制，不断拓宽合作伙伴的地域覆盖面。重视与国内外企业和国际组织合作开展项目研究，联合开展课题研究、策划品牌形象推广、发布专题报告、举办专题研讨，为企业自身服务客户提供更加坚实的智力支持，同时也能为其他企业发展提供决策咨询、推广成功经验，丰富智库生态化建设的实施路径。加强与国际主流企业智库及研究机构的跨国协作网络建设，组成国际顾问委员会、专家委员会等，注重建立外籍专家学者组织网络，发挥其在国际领域的发言优势，为企业智库在国际上的传播影响力铺开道路。

（二）深化企业智库生态化协作领域

中国特色新型智库建设经历了多年蓬勃发展，正在从百花齐放到高质量发展迈进，如何进一步"拓展研究领域、提高研究质量"是各类智库面临的共同任务。智库研究基于学术研究，但又不同于一般的学术研究，主要区别在于智库研究有明确的导向和受众。企业智库在协作领域的选题和研究环节应加强与内外决策部门的沟通对接，有效促进企业智库生态系统内资源整合、优势互补，整体提升行业发展与行业政策研究能力和决策咨询服务水平。

（1）挖掘企业智库内部协作领域。企业智库以解决企业内生性发展问题为导向，同时需要兼顾国家整体环境影响下的行业发展。在企业内外协作研究领域的选择上，应为企业生态布局、产业整体升级、宏观经济发展、国际合作等领域的战略需求提供智力支持。一是可以通过密切合作和供需对接，深度参与政府和行业发展议题设置和政策制定环节；二是可以通过学术交流和行业论坛及时掌握前沿专业领域研究动向；三是应注重国际化视野和国际化选题设计，基于广泛的国际合作在行业整体发展中发挥作用。

在企业智库所属企业内部的协作研究领域选择上，可以采用"自上而下"与"自下而上"相结合的方式。企业内部各主体，需要以企业总体发展战略为依据，通过对总体战略目标的分解，使其下属企业、业务单元和职能部门的目标与企业总体目标保持一致，使企业智库在其中充分发挥"智囊"作用。同时，在协作过程中，企业智库要对企业的内外部环境进行系统地分析，使其内部各协作主体了解总体资源分布状况、当前面临的机遇及挑战、发展优势及劣势等问题。企业智库的各类研究团队和人员，都可以根据自己长期跟踪的领域提出协作研究建议，核心专家团队等专业人士可以根据相关信息对所选领域进行评估和筛选，充分考虑领域的重要性和相关协作研究团队的优劣势，确定最终的协作研究领域选题方向和研究范围。

（2）挖掘企业智库外部协作领域。服务党和政府科学决策是中国特色新型智库的主要功能，与政府决策部门做好对接和互动是其内在要求。在企业智库外部的协作研究领域选择上，企业智库也应坚持决策需求导向，保持"政策敏感度"，主动加强与决策部门的对接，通过建立稳定的沟通机制，实现良性互动和有效服务，将研究水平落实到需求方的参与和评价之中。企业智库首先需形成自身对政府和行业发展议题设置和政策制定问题的预判机制，再结合来自政界、商界、媒体、其他研究机构及学术机构的信息沟通，及时调整可用于开展内外协作的研究领域选题方向，确保对前沿问题的敏感度。在选题环节注重与政府、企业等受众部门的深度对接，优化选题范围和研究预期；在研究和审核环节引入需求方的外部评审，对研究的精准性进行约束。

企业智库应循序渐进，不断加深内外协作的领域范围，为国家发展重点领域政策研究出谋划策。首先提升自身资源整合能力，提升企业智库专家学者依靠新技术创新解决问题的能力。面对行业合作领域的迫切需求，要联合政界、商界、学术界专家学者从不同层次和角度进行思考，在重点领域采取全面和多学科的研究方法，提出切实可行的计划方案。企业智库应实现"投入 - 产出"联动，在政府、企业、社会支持下开发智库品牌产品，通过多元平台加以推广，达成理论价值与社会价值的双重效应。

（三）优化企业智库生态化协作模式

企业智库生态化建设需要构建立体化的内外协作渠道，为各主体提供多样的协作方式。企业智库可以通过协议或其他联合方式建立其与内外协作主体在各研究领域的协作关系，共同进行决策研究、开发产品或市场、传递知识成果，以获取生态化优势、共享利益。具有代表性的企业智库生态协作形式有：集团型、项目型、联盟型、信息交流型等。

（1）集团型协作模式。集团型协作模式适用于企业智库所属的集团内部圈层，指集团内部企业、职能部门、业务单元在集团总部的统筹下，通过组织纽带连接在一起，经由内部一体化过程协调开展工作。集团型协作的工作任务立足于集团内部，围绕集团整体的日常管理与价值创造活动展开，重点在于调动总体资源、放大智库智慧、加强跨部门合作，以实现集团总体的效益最大化。该模式的优势在于将协作关系内部化，能够极大地提高合作效率。

（2）项目型协作模式。项目型协作指的是企业智库内外协作主体在不改变原有组织隶属关系的前提下，围绕特定项目课题组建团队，以签订合同、契约等书面文件的形式，约定双方的权责和义务以及利益分配等内容，在固定期限内协同开展项目研究的协作模式。项目型协作可以围绕政府政策研究、行业攻坚难题、学术研究需求等进行课题选择。该模式的优势在于多个主体以特定课题目标为导向，组成柔性研究团队，减轻了组织机制上的约束和负担，具备极大的灵活性。

（3）联盟型协作模式。联盟型协作指企业智库外部组织机构出于某一特定目的，通过契约或股权关系形成的长期、稳固的协作模式。联盟的构成主体非常宽泛，可以覆盖产业链上下游及其他利益相关企业，智库、高校与科研院所等研究机构，政府部门，媒体机构等。联盟的主要任务往往是围绕成员共同面对的关键性问题，实现资源的合理衔接与有效分工，联合培养人才，加强利益合作。这种模式优势在于联盟内部成员的结合度高、互动性强、交易成本较低、联合研究能力强，能有效促进合作中各要素与资源的综合利用，具备持久的发展潜力。

（4）信息交流型协作模式。信息交流型协作指的是企业智库及其协作主体出于信息交换、观点传播等目的，通过举办线上或线下的交流活动，形成的一种松散的合作方式。信息交流型协作的形式可以包括学术研讨会、技术沙龙、演讲、论坛、成果分享会等。企业智库作为企业内信息整合利用的重要部门，可以通过开展上述活动分享重要研究成果，并获取业内优质信息资源，同时在信息交流过程中激发出有价值的行业观点。这种模式优势在于灵活便捷、形式多样，无论是何种形式的主体均可以自由开展信息交流协作。

（四）完善企业智库生态化协作机制

企业智库生态系统是以企业智库为核心，由内外部组织和环境相互作用，共同支撑和涵养企业智库生存发展并输出能量的社会系统。企业智库是居于企业与外部社会之间的行为体，可以在政产学研间发挥桥梁纽带作用，应完善企业智库内外协作机制，全方位协调企业智库与其他协作主体的关系，以更好地发挥生态系统作用，包括资源整合机制、稳态调节机制、互利共生机制等。

（1）资源整合机制。企业智库生态系统的资源整合机制是指系统中各主体围绕特定协作目标，将分散在跨部门、跨单位、跨行业、跨区域等企业或组织机构的资源聚集起来，根据协作需求及资源现状，进行资源优化配置并实现资源共享。企业智库生态系统的资源整合主要是对人力、财力、物力、信息、政策制度等资源的整合。人力资源包括开展企业智库研究活动所需要的各种人才，如专家、学者、研究团队、行业领袖等；财力资源是影响企业智库研究活动的各类资金，包括政府部门财政资助、行业基金会、企业总部拨款、专项项目经费等；物力指企业智库研究活动所需的场地、仪器、设备、基础设施等；信息资源指企业智库及其协作主体掌握的宏观、行业、市场等信息，包括制品型的文献信息资源和非制品型的数字信息资源；政策制度资源指的是国家或地方政府对企业智库及所属行业提供的各项扶持政策，以及市场秩序、市场体制等制度环境。

有效的资源整合机制能够实现企业智库生态系统资源价值链重组与利用，促进系统新资源的创造与价值增值。由于资源本身的变化性和流动性特征，因此资源整合过程是一个动态的过程，可大致分为资源识别、资源融合、资源配置、资源利用四个阶段。资源识别指的是对企业智库生态系统的资源禀赋情况进行全方位的扫描，了解系统现有资源体量、类别、核心资源，识别系统内生产活动或研究项目对资源的需求，根据资源需求及现有资源的差距确定资源缺口。资源融合指的是在对企业智库生态系统资源缺口识别的基础上，为资源需求单位、供给单位、外部社会关系和资源储备之间建立联系，通过资源汇集、转移与交互，形成一个多层次、相互关联的资源聚合体的过程。资源配置指的是企业智库生态系统内部在完成资源识别和融合之后，系统成员对资源进行重新分配与组合的过程。资源利用指的是企业智库生态系统通过资源的识别、融合、配置，联合有形资源和无形资源，使核心资源效能最大化，实现资源高效利用的过程。

（2）稳态调节机制。企业智库生态系统内部主体的进出，及其与外部环境进行资源、能量、信息交换的过程中，系统的稳定与平衡均会受到不同程度的干扰，建立稳态调节机制旨在塑造该系统在面临上述干扰时的自我调节、自我修复、自我延续能力，抵抗变化、保持平衡状态。对于企业智库生态系统而言，各协作主体之间的沟通协调在稳态调节方面发挥着主要作用，包括维稳型沟通、协调型沟通、发展型沟通等，例如通过持续沟通保持协作关系和协作目标的稳定性，遇到交叉业务时进行及时有效的协调，以沟通为基础实现对外关系的稳健拓展。

维稳型沟通指的是维持企业智库生态系统各主体协作关系及协作目标的稳定性，将思想力与行动力相结合，确保系统内各主体的努力与协作目标相一致，为此，每一项协作任务、每一次协作决策都需要保持沟通状态。在思想层面，需要提高各主体对以企业智库为中心的内外协作的重视程度，借助企业智库的智力支持推进各领域务实合作，发挥企业智库的社会效益；在业务层面，需要对系统内各种业务活动的实施进行及时反馈沟通，真正将生态系统内的协作主体联结为有机统一的整体，从而建立高效协同的合作关系。

协调型沟通是指当协作主体出现业务交叉问题时，应以协作目标为中心，根据事先设定的协调原则沟通协调，用以避免互相竞争和由此带来的资源内耗。协调原则应以生态系统整体利益最大化为基本原则，具体原则应根据协作模式的不同设定：对于集团型协作，具体协调原则可以沿用集团企业相关管理章程；对于项目型协作，需要多个主体共同推动项目开展，应根据业务开展的关键成功要素、价值驱动因素等，确定项目组内专业分工及业务协调原则；对于联盟型协作，应以生态联盟中统一的价值追求为导向制定相关原则。

发展型沟通是指以企业智库生态系统现有的交流合作为基础，鼓励生态系统内主体与各国政府、企业、媒体加强交流，围绕企业智库内外协作领域重要议题组织政产学研界联合研讨，在保持生态系统稳态的前提下，不断提高企业智库内外协作能力和扩大协作范围。

（3）互利共生机制。企业智库生态系统的存在依赖于各主体之间互利共生，各主体在广泛协作的基础上建立互利共赢的共生关系，实现共同演进与共生循环。企业智库生态系统的互利共生原则鼓励各利益主体围绕共同价值目标进行资源整合、开展互利合作，共同追求合作剩余，促进系统主体间及其与生态系统环境间的补充合作与协调，推动企业智库生态系统的稳定、可持续发展。

企业智库生态系统作为一个统一整体，应突破单个主体的视野局限性，实现信息交互。充分借助系统整体力量，共同打造了解世界的窗口渠道，深入研究行业发展规律和内在逻辑，为系统内各个主体的发展实践提供长期指导。同时，各协作主体应当站在整个生态系统的共同视角下，全面客观地呈现所在区域、行业的发展状况，消弭认知上的差距，澄清误解和不实报道，营造良好的内外协作氛围。

企业智库生态系统可以探索发展"智库＋"模式，扩大企业智库与不同类型主体的合作影响力，推动相关政策生成，进一步放大互利共生成果效益。企业智库生态系统应秉持共商共建共享理念，组织协作主体开展联合调研，深入、细致、全面了解行业发展需求，把客观公正、切实可行的行业发展政策建议提交给相关国家政府，通过精准了解各方需求，有效提升行业供给质量，推动合作发展战略深度对接，发挥企业智库内外协作的综合效益。

综上所述，企业智库生态系统的良性发展建立在企业智库不断成长、不断深入研究、不断取得成果的基础上。从竞争到合作，企业智库与各方进行内外协作，企业智库生态化建设的兴起必然引起众多企业、组织机构走向价值共生、网络协同关系。借助生态系统，企业智库产品供给模式得到创新，从单一的产品属性向多元化、场景化和链条化延伸，实现体验式的服务。越来越多的企业智库加入协作研究的生态关系中，将取得更优质的行业研究成果，起到行业话语体系建设和引领的作用，有利于企业实现自身发展、行业协作、国家建设等多方共赢的局面。

从研究到实践：

企业智库建设之路

第五章

企业智库建设实践
——以电力企业为例

当前，国内外经济社会发展形势更趋复杂严峻，以央企为代表的国有企业发展也面临新的环境，迫切需要智库研究和解答一系列事关国家发展全局和国企改革的重点问题，为做强、做优、做大国有资本和国有企业提供科学决策支撑。党的十八大以来，国家多次强调要重视和加强高端智库建设，加大对国有及国有控股企业兴办产学研用紧密结合的新型智库的支持。2023 年 5 月，国资委办公厅印发《关于中央企业新型智库建设的意见》（下称"意见"），进一步明确了对央企智库的要求。《意见》指出，要以习近平新时代中国特色社会主义思想为指导，深入贯彻党的二十大精神，立足新发展阶段，完整、准确、全面贯彻新发展理念，服务构建新发展格局，以高质量发展为主题，服务党和国家重大战略需求，努力建设一批支撑企业、引领行业、服务国家、面向全球的新时代中央企业新型智库，充分发挥咨政建言、理论创新、舆论引导、社会服务、国际合作等重要功能，为更好地服务中央企业加快建设世界一流企业，履行经济责任、政治责任、社会责任，在以中国式现代化全面推进中华民族伟大复兴的历史进程中作出新的更大贡献。

能源是国家发展的基础，是国家经济发展的重要组成部分，也是社会发展的重要动力。电力是重要的基础产业，事关国计民生和经济发展全局，电力企业作为关系国家能源安全和国民经济命脉的特大型国有重点骨干企业，在复杂环境下尤其需要贯彻落实国家政策意见、积极推进智库建设，完成电力企业从传统决策到科学决策的转型工作。

国网上海市电力公司是国家电网有限公司下属从事电力输、配、售、服的特大型国有企业，负责统一规划、建设和调度上海电网，参与制定、实施上海市电力、电网发展规划和农村电气化等工作，为上海的经济社会发展提供安全、经济、清洁、可持续的电力供应和服务，并对全市的安全用电、节约用电进行监督和指导。本章以该企业为例，详细探讨企业智库的具体建设实践。

国网上海市电力公司企业智库（下称"国网上海电力企业智库"）以服务上

海能源发展、国家电网公司战略落地和国网上海市电力公司智慧决策为己任，立足上海、放眼全球，全力集知、集思、集智、集言，全面提升感知能力、研究能力、策划能力、话语能力，以成为公司思想创新、理论创新、技术创新、管理创新、服务创新和产品创新策源地为目标，打造公司"思想库、战略库、政策库、策略库、人才库"。

第一节　组织架构和运作模式

国网上海电力企业智库以"机关本部 + 两院 + 两中心"[公司本部、电科院、经研院、党校（培训中心）、客户服务中心]为骨干力量，在智库管理、项目研究和专家人才培养中发挥主体作用，供电公司、专业公司、集体企业等其他基层单位和社会合作机构及专家发挥支撑作用（见图 5-1）。

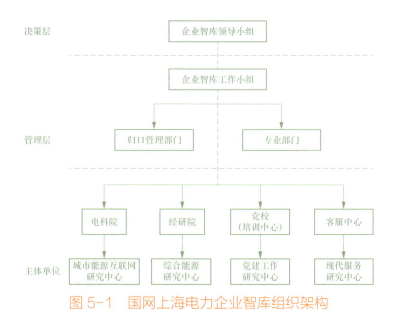

图 5-1　国网上海电力企业智库组织架构

国网上海电力企业智库采用"金字塔"式运作模式，指按照金字塔结构，分层级组建刚性机构、柔性团队和外部智库合作，形成上下贯通、刚柔并济、灵活互动、内外互通的组织架构（见图5-2）。

核心层　战略环境监测中心、重大决策论证中心、改革创新参谋中心

紧密层　公司各级专家队伍、创新团队、技术团队等内部协作力量

协作层　咨询机构、高校、行业专家等外部协作力量

刚性机构

柔性团队

外协力量

图 5-2　金字塔式运作模式

其中，刚性机构是指成立专门智库机构，配置专门的研究力量，形成固定、规范的专职研究队伍，确保智库运作的稳定性和连续性，是智库研究力量的"核心层"。

柔性团队是指在专职研究力量基础上，依靠公司各级各类优秀人才、硕博士队伍、创新团队、技术团队等组成的内部协作力量，以项目制、任务制和聘任制方式广泛吸纳公司本部部门、基层单位的专家和人才，项目成员能进能出、按任务聚散流动，是智库研究力量的"紧密层"。"核心层"直接接受办公室专业管理并以常驻和异地等方式做好智力支撑，要在研究方向、研究资源等方面对"紧密层"加强支持。"紧密层"人员可通过选拔、竞聘等方式进入"核心层"，视课题需要开展现场办公。

外部智库是指与各类智库、咨询机构和高校建立广泛的智库联盟关系，形成分散化、网络化的外围研究队伍；紧密对接上海市人才高峰工程行动方案，探索聘请高峰人才担任顾问，以项目形式共同开展专题研究，是智库研究力量的"协作层"。在积极邀请外部专家参与公司课题研究、开展成果鉴定、提供咨询支持的同时，鼓励内部专家参与外部研究、利用外部数据，打造智库资源网络，完成一批国家、区域、国网公司级的重大影响力课题，最终实现智库社会化。

第二节　业务与产品

总体来看，国网上海电力企业智库实施业务全生命周期闭环运行管理，每项业务都要经历业务承接与响应、方案设计与执行、成果发布及转化的全生命周期，构成一个业务运行闭环（见图5-3）。

图5-3　国网上海电力企业智库业务运作闭环流程

一、业务承接与响应

国网上海电力企业智库需要第一时间收集和传递内外部环境变化的信息，随时保持对"重综总"议题的敏锐度。服务公司战略大局，紧跟中央和国家的重大战略需求，急决策层所急，想管理层所想，进行选题策划。对能源供给需求、区域能源规划、节能减排降耗、产业集群发展等政府关注的问题，通过情报研究、数据分析、管理咨询等分析过程后提出引导性政策建议。为了支持决策目标的实现，智库的议题选取结合数据驱动和假设驱动两种方法，从理论和实践两方面，分析项目的必要性，从而保证项目规划和决策建议的正确性。具体来说就是，一方面基于数据驱动，借助大数据优势进行环境要素的关联性挖掘分析；另一方面采用定性分析，通过归纳演绎、竞争性假设、情景分析和专家调查等方法，进行因果发现与推测。

国网上海电力企业智库的服务对象分为对内和对外两种。电力企业发展机遇与挑战交织，需要不断探索新模式、新机制、新方法，了解工作中遇到的难点和问题，并整理和融合各单位的实践经验。相关决策的制定无一不需要充分的信息支撑和强大的智力支持，以对内服务的形式展现。一方面，全面、及时、准确的信息能够大大降低环境的不确定性和混杂性，帮助决策者准确把握政治、经济、文化、市场等变化；另一方面，通过对信息进行深入分析，发现事情的本质规律和变化趋势，能够帮助决策者预判未来的可能情景，提供科学决策的方案和建议。

国网上海电力企业智库对企业内部的服务包括向决策层提供决策支撑、向业务部门提供业务建议。围绕公司领导层及决策层的各类情报需求，包括对公司改革发展有重要影响的国家政策的解读、宏观经济的重要运行情况、能源电力行业的重要动态、企业典型案例及经验提炼，公司经营管理的重要情况、重大问题及发展趋势等，收集、整理、分析信息，挖掘信息价值产出智库产品，为公司决策层制定战略、经营和管理决策提供信息支撑和决策辅助，为应对技术革命、市场竞争、体制改革等重大挑战保驾护航。

另一方面，电力产业作为区域经济和社会发展的重要一环，在国内外能源形势要求紧迫，电力体制改革、国企混改均进入深水区的形势下，更需要聚焦外部需求，通过加强政策研究服务、市场情报服务、品牌建设服务等方法提升对外服务能力。国网上海电力企业智库对外服务对象包括政府机构、行业团体及社会公众。围绕地方政府及上级监管部门的主要情报需求，包括区域能源及电力规划、电价政策的制定策略、电力市场化改革推进策略、可再生能源发电补贴策略、重大电力工程推进情况、节能减排的落实情况、产业集群发展等政府关注的问题，开展深入的研究和分析，并以研究报告为载体，反映公司的诉求，对政府政策的制定提出引导性建议，向属地政府、国资委等报送智库研究成果，为行业发展争取有利的政策环境。而后通过综合研判研究成果的保密级别，对可以向社会公开的情报内容，以传统新闻媒体和自媒体平台向外发布研究成果，为公众了解我国能源电力行业发展前沿讯息提供渠道，同时可以充分发挥舆论传播与引导作用，提高公司的行业话语权和专业地位，进而扩大智库的品牌影响力。

二、方案设计与执行

方案的设计与执行需要保证决策支持方案契合决策目标，同时为不同的决策目标提供适应性支持。具体而言，一是选题方案初步确认后，通过互联网、传真、电话等多种手段，搜集与方案有关的背景材料，为调研公司各基层单位做充分准备。二是由牵头人明确分工，将议题拆分为多个版块并合理分配给智库各级专家队伍、创新团队、技术团队等内部协作力量，通过跨单位、跨部门协同，形成集群化作战能力，共建数据资源，共组研究团队，共享情报成果。三是公开渠道信息有限时，需要选择合适的咨询机构、高校、行业专家等外部协作力量进行二次访谈，开展行业洞察和非公开信息的收集。通过二次访谈的方式，能够获取公开渠道搜索不到的信息，比如竞争格局、行业未来发展趋势、行业格局、行业核心竞争力、企业核心竞争力等。

在发挥对内支撑、对外服务两种作用时，需要精确瞄准服务对象的决策需求。公司决策层及业务部门主要关注国内外对公司改革发展有重要影响的经济、产业、能源、技术的走向，包括重要政策动态、典型案例及经验提炼等。对地方政府及上级监管部门而言，则更关注区域能源及电力规划、电价政策的制定策略、电力市场化改革推进策略、可再生能源发电补贴策略、重大电力工程推进情况、节能减排的落实情况等。为此，国网上海电力企业智库充分发挥自身优势，及时收集环境变化、政策形势、行业动态、内外情报等重要信息，在智库的课题选择中反映政策方针总体要求、注重公司上下综合统筹、体现公司工作重心，致力于指导解决改革、经营、服务等"急难热"问题；课题推进过程中定目标、定计划、定责任、定任务，有序开展课题研究。坚持"计划性、前瞻性、系统性"原则，围绕重点工作广泛收集整理信息价值点，分类建立信息选题素材库。依托信息管理平台，定期报送、汇总、审核信息选题。通过信息选题策划会、信息会商等形式，对重要信息选题进行集中研究、论证，确保信息工作与公司重点工作"同计划、同部署、同检查"。

目前，国网上海电力企业智库的产品从主题、深度、时效三个维度进行定位，主题涉及政治、经济、文化等宏观层面，能源、市场、产业链等中观层面，以及重大工程及项目、管理实践和创新等微观层面；深度包括信息（反映客观事物）、知识（把握事物客观发展规律）以及智慧（提供思路和对策）；时效的颗粒度划分是根据支撑决策的时间匹配度来决定，主要时效区间包括天、周、月、季、年。五类智库产品包括战略规划、专题研究、项目研究、信息产品、技术服务等，其中战略规划以行动路线图的形式，进行重大战略的顶层设计和阶段性规划，确保战略部署分层、有序落地。专题研究聚焦政策热点、行业趋势、颠覆性模式等内容，以专报、快报、内参等方式，提供具有广度、深度、前瞻度的对策和建议。项目研究是指承接内外部重大科技项目、咨询项目和地方软课题等，产出创新成果。信息产品全方位、多周期扫描外部环境，为企业决策经营提供外部形势风向标。通过新颖性查证、专利导航、技术标准实施评价等技术服务，为企业精准创新与运营保驾护航（见图5-4）。

此外，国网上海电力企业智库还建立了质量管控机制对智库运行全过程的质量进行监督和控制，目标打造统一规范、全程监督、周密控制的质量体系，具体内容包括智库产品质量标准建立、智库工作全过程质量管控。①在智库产品质量标准建立方面，一是明确质量评价的维度，根据新形势下支撑公司高质量决策的要求，从时效性、完整性、准确性、深入性等方面确定质量管控标准，二是确定质量评价的指标，依托专家经验，通过各单位讨论商议，明确评价各质量要素水平的定性指标和定量指标。②在智库工作全过程质量管控方面，一是加强决策响应阶段质量管控。按照年、季、月等时间周期做好决策支持工作选题规划，滚动发布选题要点，为精准选题提供指南，二是加强生产过程质量管控。通过开放式研究、项目化管理等灵活组织方式提高稿件质量，建立模板库、方法库加强对组稿的支撑，并通过信息会商、专家审核等方式加强质量监督，三是加强质量后评估工作。开展稿件分析，编制优秀稿件案例库，通报表扬优秀稿件；加强信息会商评价，定期通报各单位会商积分。

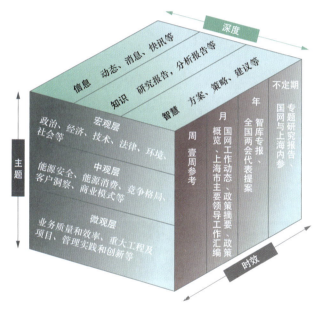

图 5-4　国网上海电力企业智库三维拓扑产品体系

三、成果发布及转化

国网上海电力企业智库对每项业务严格实施全生命周期闭环运行管理，从初始选题立项到成果发布及转化，构成一个业务运行闭环。研究人员需要全程跟进项目研究各阶段，以成果发布和转化为导向不断修正和完善产品内涵，确保每项研究成果都能产生价值输出，通过项目成果持续创造出直接或者间接价值。

国网上海电力企业智库研究成果通过市场型、权威型、产权型、荣誉型和储备型"五型"实现价值转化。市场型成果由信息产品、技术服务与项目研究,通过合同转化成实质性市场收益。权威型成果由智库项目、专报研究、重要文章、材料起草与提案内参,以文案专呈、口头发布、微信公众号等形式通过重要领导批示和官方采纳转化为经验推广和政策顶层设计。产权型成果由智库项目和专报研究组成,通过科技管理转化为论文、专利和标准的形式。荣誉型成果由智库项目、专报研究、情报调研与团队建设,通过奖项申报和评先评优转化为成果奖项与人员荣誉的形式。储备型成果由专报研究、重要文章、材料起草与提案内参,通过项目申报进行立项储备(见图5-5)。

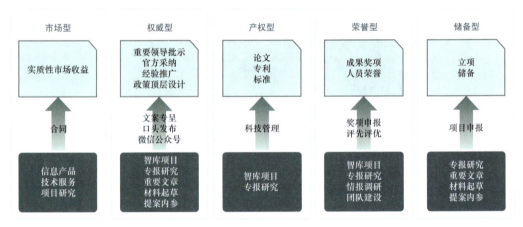

图 5-5　国网上海电力企业智库成果的"五型"价值转化

在不断加强内功的前提下,国网上海电力企业智库也在持续加强对智库成果的宣传力度,扩大智库产品的价值辐射范围,使其服务对象能够触达、熟悉、理解智库研究成果,对内促进智库研究更多地融入公司工作,对外加强公司的影响力水平。在公司内部,向公司决策层递交的研究成果在经过脱敏处理后,可以通过固定渠道向主管部门、基层单位等发布,进一步扩大智库研究成果的影响力,并推动形成广发讨论、积极参与的良好氛围。对外宣传方面,对智库产品进行保密级别分类,将一部分能够起到科普、宣传的非涉密产品通过新闻媒体、自媒体等渠道进行发布，进一步提高公司的专业地位和行业话语权。

第三节　人才和激励

一、T型人才画像

T型人才画像描述了国网上海电力企业智库对人才的需求类型，其中"T"的一横代表人才应全面具备能力素质的基本要求，"T"的一竖代表人才应在"专业型、方法型、计算型、战略型、政策型"五个方向之一具备长板。其中，专业型人才需要拥有至少一个学科的专业背景或业务条线上工作的经历，对公司业务中的一类或几类具有深入了解，达到专家级的业务水平，能够与各部门专家就业务问题进行深入讨论；方法型人才需要具备社会学、统计学、管理学、数理分析等专业背景或工作经验，熟悉调研、访谈、问卷等一手信息获取方法，熟悉战略规划、变革管理、风险管理、运营管理等管理学方法及模型，还应具备较强的方法研究能力和模型研发能力；计算型人才需要具备信息管理、计算机科学、统计学等专业背景或工作经验，掌握统计分析、数据挖掘、深度学习等分析模型，能够运用 SPSS、SAS、Python、R、Matlab 等软件工具开展数据分析；战略型人才需要具备战略管理、人力资源管理、营销管理等专业背景，或具有办公室、外联部等工作经验，具有大局观和战略思维，掌握战略分析、规划、执行、评价的工作流程及内容；政策型人才需要具备发展经济学、产业经济学、政治经济学、国际政治等专业背景，或具有对接政府、行业协会、部委的工作经验，具有较高的政策敏锐性，能熟练开展政策研究并提出对策、建议（见图 5-6）。

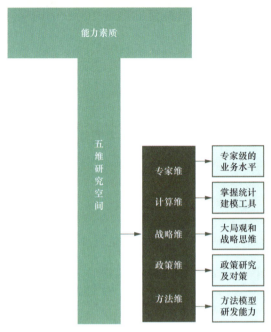

图 5-6　国网上海电力企业智库人才需求 T 型人才画像

二、多通道人才流动模式

通过多种人才流动模式的组合发挥叠加效应。一是促进"公司－智库"双向人员流动的"旋转门"机制。智库专家在公司本部、供电公司、专业公司与智库组织之间双向流动，实现角色转换，两者的相互渗透有效提升智库研究的质量，并增强智库对决策层的影响力。二是打通在岗员工内部流动渠道的内部招聘机制。通过专业需求带动岗位需求，将空缺岗位对内发布，在公司内部多个单位之间选拔合适人才。员工通过提交个人简历和调配意愿，获得二次择业机会；企业建立起人力资源池，有效配置人力资源。三是培养年轻干部等重点对象的挂职锻炼模式。在不改变与原单位的人事关系情况下，选派优秀员工到下级单位、上级单位或外部机构担任相应职务，切实参与重大工程、重点项目、专项任务等实践，有效培养年轻干部。四是轮岗交流模式。此举主要为解决工作重复单一而活力不足问题，有计划地开展职位轮换，通过改变工作环境、工作职责和工作关系，有效激发员工工作积极性和创造性。

三、OKR 的应用

OKR 在国网上海电力企业智库成立之初就探索运行，并取得了良好的效果和反馈，由于其与智库特征极高的适配性，也在很大程度上调动了员工的积极性和创新创意热情，为智库的探索性工作打下了扎实的基础。国网上海电力企业智库实施 OKR 的具体运作流程如下：

第一步：明确 O（即目标），智库管理层根据历年工作产出的类型以及未来发展想要的预期产品，将支撑公司战略发展和业务发展的目标具象化、细分化。制定年度目标有一定的原则，首先，目标要是有野心的，有挑战的，能够把员工推出舒适区的，这样才能够驱使员工不断为目标而奋斗，而不会出现期限不到就完成目标的情况，同时目标不能虚高，否则会由于达成目标的难度太大而使员工放弃努力；第二，目标必须是与员工充分沟通后达成的共识，且公开透明。制定目标的时候，不能让目标滞留在中层，而要往下层层进行沟通，目标一旦达成共识后，就不会轻易调整，并通过特定的方式对 OKR 的内容进行公开展示，以保证公平；第三，目标的数量要合理控制，不能过少太易于完成，也不宜过多，以防止为员工带来超负荷压力。

第二步：围绕目标设定 KR（即关键成果）。一个好的 KR 需具备以下特点：必须是按这个方向及正确途径做，就能实现目标的；必须具有进取心、敢创新的，多数情况下不是常规的；必须是以产出或者结果为基础的、设定评分标准需要可以衡量；KR 不能太多，一般每个 O 匹配的 KR 不超过四个；必须是和时间相联系的；OKR 一旦制定，将进行公开，以保证透明度和公平性；必须是和时间相联系的。目标既要有年度 KRs，也有季度 KRs：年度 KRs 统领全年，但并非固定不变，而是可以及时调整，调整要经过批准；季度 KRs 则是一旦确定就不能改变的。要切记可以调整的是 KRs，而不是目标。目标不能调整，措施和方法（KRs）可以不断完善。同样 KRs 的设定也必须是管理者与员工直接充分沟通后的共识。

第三步：将关键结果细化到行动计划。当有了关键结果（期望的结果）后，就要围绕这个具体的目标来分解任务了，每项关键结果就会派生出一系列的任务，交给不同的员工负责。这一阶段的执行关键在于明确个人 – 团队 – 企业的协同性，个人的 OKRs 定义了个人目前的工作，团队的 OKRs 定义了团队工作的优先级，不仅仅是所有人的个人 OKR 的简单集合，整个智库的 OKRs 是一幅巨大的蓝图，代表其战略目标。

第四步：定期复盘。OKR 的复盘可以通过定期会议的形式来开展，通常是每半年度一次，在会议中，各 OKR 负责人依次回顾自己负责目标的执行情况，包括 OKR 总体评估与打分情况、各项 KR 完成的状态、执行时遇到了什么问题、自己是如何解决的、需要提升与改善的空间以及未来 OKR 规划与设计等。

OKR 实施流程见图 5-7。

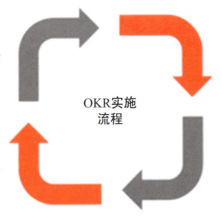

沟通与打分
· OKR鼓励员工制定有挑战性的目标，走出舒适区突破自我，所以目标100%完成不一定是最好的，最佳分数是0.6~0.7分

确定OKR
· 目标是要有野心的，有挑战性的；目标设定的是一段时间的目标，通常为一个季度
· KR是用来判定到期时目标是否达成

执行OKR
· 执行的重点是"定期检查，必要时调整"。OKR在做检查时应考虑的因素要涵盖"目标、当前进度、遇到的问题、问题的原因、需要的支持、下一步的计划"

公示OKR
· 公示并不是把确定好的OKR通知全员，而是要就为什么定了这些目标，实现这些目标对于公司的意义，一起完成这些目标需要大家分别做什么等问题做详细的沟通，确保大家对目标的理解一致

OKR实施流程

图 5-7　OKR 实施流程

以国网上海电力企业智库为例。第一步是确定目标。在年初公司职工代表大会召开后，从各级职代会、务虚会等综合性报告中抽取与智库目前业务及未来发展布局相关的内容，结合上级要求，作为接下来一年智库发展的总体目标。

第二步即确定关键成果。根据上一年的实际情况，结合对下一年发展方向的预期，中心管理层将关键成果划分为具体的产品类型，包括但不限于关键材料、专报研究等智库成果，论文、专利、著作等科技成果，各级荣誉奖励、各级各类项目的申报，以及个人成长计划等。在完成上述两步工作后，由 OKR 管理专职将关键内容制表并分发，通知全体员工召开 OKR 大会，并在开会前梳理上一年度 OKR 完成情况及预想下一年度计划。

第三步即召开全员 OKR 大会。由中心管理层向全体员工解释智库战略目标、关键成果的内涵、全年总体体量等。全员在对全部目标和关键成果有明确的认知后，主动举手认领个人年度计划目标，并由信息专职实时记录统计个人目标情况。员工举手需结合个人专业兴趣、业务特长、发展方向和时间精力等要素，其间由专业室主任和中心领导对个人目标加以引导，避免目标过轻或过重导致 OKR 无法发挥积极正向作用。例如，员工 A 作为专业室主任，有较为丰富的经验和能力牵头完成重要材料撰写，按照轮转惯例每年会有 2~3 次机会，那么员工 A 会主动认领 3~4 次"重要材料撰写"的目标；员工 B 在专业领域深耕，举手全年发表 1 篇"中文核心期刊论文"后，大家认为这一目标对员工 B 来说十分简单，因此建议其将目标提高至 2 篇"中文核心期刊论文"或 1 篇 SCI 检索论文，以此引导员工 B"提口气、努把力"。在全部个人目标确认后，全体员工复核确认，并通过智库共享平台向所有员工通告 OKR 的指标分配。

第四步即行动和复盘。有了明确目标的指引，员工在日常工作中就会更加有工作和研究的方向，智库管理层也将以年初 OKR 目标为引导分派任务。在每个季度末，管理层将召开全员或按专业室划分的 OKR 复盘会议，总结前一段工作情况、交流困难和阻碍，明确解决方法和下一阶段的行动路线。在一个 OKR 考核周期后（视企业的生产周期而定，智库的成果整理期通常为一年），在下一次 OKR 大会召开时统计本周期内的 OKR 完成情况，并确定下一周期的 OKR 目标。至此，一个完整的 OKR 考核周期即完成。

国网上海电力企业智库自运用 OKR 后，员工与 OKR 机制的适应性不断提升，现阶段目标完成度保持在 95% 以上，构成了智库有序健康发展的坚实基础。在此过程中，员工个人主动性不断提高，自主研究能力和成果也不断提升、日渐丰硕。

四、多维激励手段

根据马斯洛需求，人类需求分为生理需求、安全需求、社交需求、尊重需求和自我实现需求，因此，激励手段应该紧紧围绕员工的需求，从多个层次进行考虑与设计。针对国网上海电力企业智库业务特点和团队构成特点，综合采用多种激励措施，形成对员工多维度的激励与关怀。

（1）*物质激励*。一是根据公司绩效奖金制度，以绩效评价结果为依据调整组织及个人绩效奖金水平。二是对绩效评价结果进行排序，向综合排名前三或者前五的单位，授予一定数额的物质奖励；由先进单位推选 1~2 名智库工作人员，其他单位推选有重大突出表现的个人，总部进行综合比较后筛选出 3~5 人授予一定数额的物质奖励。三是向智库人员提供更加优良的工作环境，例如，改善办公条件，配备情报工作需要的仪器、装备等。

（2）*精神激励*。一是采用智库内通报的方式，对在年度评价中进步明显，或在智库工作中有突出表现的团队或个人进行通报表扬，对在年度评价中排名靠后，或有重大误报、漏报、迟报，发生重大信息安全事故的单位或个人进行通报批评。二是采用颁发荣誉称号的方法，设立"智库工作先进集体""智库工作先进个人""优秀智库成果"等奖项，并向相关集体和个人颁发奖状或奖章。三是采用内部处分的方式，对因智库工作不力而造成不良社会影响的事件或行为，有关团队和个人应承担相应的责任，接受智库内部相应处分。

（3）*培训激励*。对于智库工作人员而言，熟悉丰富广博的知识，掌握先进方法论和模型，对于高质量地开展工作促进巨大。因此，智库将培训作为激励的一种方式，向优秀的智库人员倾斜培训资源，例如，选派表现优异的智库人员参与行业论坛、专家培训、外部调研等，帮助优秀智库人员更快速地成长。

（4）职业生涯激励。建立完整的专职、兼职智库人员职业生涯发展通道，将智库相关岗位划分为管理类岗位和专业技术类岗位，并为每类岗位划分岗级，如初、中、高、资深级咨询师等，为员工构建出晋升和发展的阶梯，提高员工对岗位的认同性和归属感。

第四节　资源与平台

一、开拓多种文献获取渠道

利用广泛分布于公司内部和外部各类线上、线下媒介发布的信息，将其作为信息情报的重要来源。第一类是公开资料渠道，包括国务院、发改委、能源局、统计局等国家部委网站，可以查阅官方统计数据及政策信息；新华社、《人民日报》《光明日报》等官方媒体，可以查阅领导讲话、重大会议、评论员文章等信息；东京电力、南方电网、五大发电集团等电力相关单位网站，华为、阿里巴巴、百度等互联网企业及其研究院发布的公开信息，可以查阅公司财报、战略部署、项目进展等。第二类是内部资料渠道，包括公司各类综合及专业会议材料，请示、汇报、通知等重要的公文，各部门定时工作总结，历史项目的项建、可研、成果等相关资料等。第三类是外购及合建资源，包括数据库资源，例如万方数据、维普期刊、中国知网等论文、会议、期刊数据库，以及其他书籍、专利、标准等相关数据库，智库资源包括国务院发展研究中心、中国社会科学院、中央党校等高层级智库。

二、提升对公司业务认知深度

设立由专职、兼职智库工作人员共同构成的信息渠道组织网络，并不断加强渠道网络管理。一是加强人力资源支撑，确保信息渠道相关岗位编制充足、人员配备充分，相关工作能够分解、落实到人。二是向智库人员开放更多的内部信息权限，为情报人员列席重要会议、查阅重要文件、参与重要调研等提供良好的条件。三是构建智库内部人际网络，充分依托业务流程和工作关系，加强部门间人员的交流互动，围绕专业、项目、兴趣等组建柔性团队、社团、社群等，让信息在智库内部充分流动，便于一线员工更快掌握市场机会、竞争对手动向等信息。四是加强对公司各级、各类项目成果的价值挖掘，将智库产品作为项目的考核指标之一。

三、强化智库合作生态圈建设

依托智库平台强化合作生态，提升智库间协同黏性和合作深度。构建智库外部人际网络，充分依托行业论坛、学术研讨会、产业博览会等，加强与政府、行业协会、领域专家、学术权威等相关方的沟通互动，联合外部智库开展国家经济形势、能源电力政策、电力行业发展、知名电力企业等方面信息收集工作，协同做好重要信息深度研究，掌握关于政策走向、前沿技术、竞争对手的大量高价值信息，形成高质量的信息素材。

国网上海电力企业智库积极与外部开展战略合作，形成强大、优良的合作生态圈，为人才队伍建设、研究能级提升提供强大助力。人才合作培养方面，通过战略合作开展人才联合培养，与上海市发改委、经信委等政府部门联合培养能源经济、管理咨询等专业人才若干。人才队伍荣誉硕果累累，先后获得国家电网有限公司先进集体、上海市三八红旗集体等集体荣誉，获省部级专业领军人才、优秀技术专家、优秀党员、战略管理和智库建设先进个人等个人荣誉。联合攻关研究方面，与上海社会科学院、上海市发展改革研究院、上海市经济信息中心、上海科学技术情报研究所、国网能源研究院、上海交通大学、复旦大学、上海电力大学等政府研究机构、企业研究单位和高等院校建立了可持续发展的战略合作伙伴关系，联合策划、共同承担多项重大研究项目，联合申报并获得省部级创新奖项十余项。

四、构建智库成果共享平台

国网上海电力企业智库基于已发布的智库研究成果及刊物、历史科技查新资料、外部信息资源等，构建了智库成果共享平台——智汇云平台，平台构建了分类知识库，实现索引、查询等高级功能，按照发布主体、时间、资源类型、主题等对情报信息、过往研究成果等文章建立索引，探索、开发了基于关键词的全文搜索功能，便于智库工作人员查询、阅读相关文章。在保障智库过往研究成果有序使用的基础上，循序渐进部署各类智能化应用，逐步向智能化阶段过渡，通过历史语料构建的大语言模型已经能够在一定程度上提升智库工作效率。智汇云平台的部署一方面推动了智库研究成果在相关方间的高效共享，帮助彼此深入了解研究情况；另一方面在极大程度上方便智库工作人员查询、阅读、参考以往的研究成果，避免大量成果的浪费。此外，该平台的使用还对智库工作人员具有一定的激励作用，增强内部工作活力，促进智库工作创新。

　　各国政府及决策机构普遍认识到知识与智力在现代治理中的重要作用，智库日益成为辅助公共政策制定、完善国家治理体系工作中不可或缺的一部分。欧美等发达国家在第二次世界大战后出于恢复经济和内政外交的需要，推动了现代智库的普遍发展。自改革开放以来，国内智库在强化自身建设的同时也在不断学习西方社会智库的先进经验，以寻求更大更广的发展平台。

　　我国智库近年来取得了长足的发展，智库在产出政策思想、引导公众舆论、汇聚公共人才、搭建交流平台等方面发挥着重要的功能价值，以承担政府委托的课题、直接参与政府政策制定、输出智库内参、举办会议论坛、公开出版研究成果等多样化的形式发挥着自身的作用和影响力。政府智库、高校智库、传媒智库、社会智库等多种智库类型百花齐放，伴随着企业发展壮大的需求，企业智库这种智库类型也得到了发展。企业智库对企业情况更为了解，研究成果更贴近企业实际，有利于公司知识产权的保护，并能提供个性化、持续性的服务，发挥着其他外部咨询机构所不能代替的优势作用。

　　本书根据国家政策要求以及学术界的现有研究基础，提出企业智库的定义：企业智库是由企业所创办的、立足于企业并服务于公共决策制定的非营利性研究咨询机构。从实体化的组织架构、复合化的人才培养、多元化的信息渠道、专业化的业务框架、生态化的内外协作五个方面提出了企业智库的建设路径，从各建设维度的需求、特征、必要性入手，规划企业智库不同维度的建设方向，提出重点建设举措，并以国网上海市电力公司企业智库为例，展示了企业智库在电力行业的建设实践。

　　中国现代智库在国际上起步较晚，但在近些年发展迅速，不同类型的智库为治国理政出谋划策，为国家治理提供了有力支撑。企业智库作为智库群体中的新生力量，因其与企业密不可分的特殊性，不能照搬其他类型智库的建设经验，只能在各大企业的不断探索中总结经验，博采众长，推动企业智库在中国企业成长和国家发展过程中发挥更大作用。

展望企业智库未来发展，一是要进一步强化智库体系建设，加强企业智库与其他各级各类智库的交流合作，持续完善智库资料库、数据库、知识库，为智库思想成果产出提供更多营养，不断取得更多具有实用性、创新性、前瞻性的研究成果；二是要升级企业智库管理，加快机制创新，完善人才培养、人才流动、人才考核与奖励机制，激发智库员工的工作热情，保障企业智库人才资源活力；三是要升级企业智库产品，提升研究能力，坚持瞄准社会、经济、行业发展最前沿，分层分类策划宏观战略规划、微观专题研究等智力产品，围绕核心热点问题开展专项研究，为企业决策和国家发展提供有力支撑；四是要升级智库影响力，塑造智库品牌，加大智库研究成果传播力度，发布智库成果、传递智库观点、发出智库声音，积极引导公众在重大问题上的理解，在行业发展中发挥企业影响力和智库研究成果的指导价值。

总结与展望

参考文献

[1] 郭莉，王乐，沈高锋．企业智库战略定位研究——从内部视角转向外部视角 [J]．智库理论与实践，2020，5（1）：16-21．

[2] 牛溪，李君臣．我国企业智库发展现状、特点及趋势 [J]．智库理论与实践，2018，3（3）：44-50．

[3] 柯银斌，马岩．企业智库的战略定位 [J]．智库理论与实践，2017，2（2）：84-91．

[4] 唐立辛．"全球智库"的发展对及其对全球治理的影响与作用研究 [D]．上海：上海社会科学院，2016．

[5] 中国石油规划总院工程经济研究所 [J]．石油规划设计，2008（4）：55-56．

[6] 高端智库建设需要企业力量 [EB/OL]．天风证券研究所，2019．

[7] 贺德方，周华东．关于科技企业智库建设的思考与建议 [J]．智库理论与实践，2019，4（3）：27-30．

[8] 赵宁，李蕾，柳志军，等．国家治理视域下优化高校智库建设分析研究 [J]．图书馆工作与研究，2021（7）：3-11．

[9] 黄雨水，李义杰．国家治理现代化背景下地方媒体智库参与地方治理路径探讨 [J]．中国出版，2020（17）：28-31．

[10] 庞雅丹．国家治理现代化视阈下我国社会智库建设研究 [D]．乌鲁木齐：新疆师范大学，2019．

[11] 石伟．国家治理与中国特色新型智库的制度保障 [J]．行政管理改革，2021（3）：50-57．

[12] 吴田．国内社会智库发展综合评价研究：基于 AMI 指标体系 [J]．中国社会科学评价，2018（2）：73-85+127．

[13] 冯烨，韩远浩，杜欣宇. 基于一流智库建设背景下的企业发展战略探析 [J]. 中外企业家，2020（17）：103-104.

[14] 龙玉忠. 坚持两个"一以贯之"推进国有企业治理现代化——国有企业党建工作写进公司章程的湖南实践 [J]. 国有资产管理，2020（7）：56-60.

[15] 丁明磊，陈宝明. 建设中国特色科技创新智库体系的思路与建议 [J]. 科技管理研究，2016，36（5）：10-13.

[16] 黄晓斌，李钏. 克服短板加快企业智库发展 [EB/OL]. 2020-12-24. http://szzklm.sz.gov.cn/zkjs/content/post_239594.html.

[17] 李刚，王传奇. 企业智库：范畴、职能与发展策略 [J]. 智库理论与实践，2018，3（5）：1-7.

[18] 张飏，韩向荣，陈成，等. 提升电网企业智库服务能力策略研究 [J]. 经济师，2021（4）：275-276.

[19] 推进科技资源整合加强发展战略研究中国石油集团经济技术研究院改组成立 [J]. 国际石油经济，2005（12）：73-74.

[20] 杨中艳. 新时代地方新型智库治理：使命、困境与路径——2019 年国家治理体系和治理能力现代化背景下新型智库新使命会议综述 [J]. 智库理论与实践，2020，5（4）：49-55.

[21] 刘海峰，刘畅，曹如中. 智库治理能力的内涵与机理研究 [J]. 社会科学文摘，2018（5）：114-117.

[22] 中国石油集团经济技术研究院 [J]. 世界石油工业，2023，30（3）：98.

[23] 黄松菲. 中国智库内参研究 [D]. 南京大学，2017.

[24]《2017 年中国智库报告》近日在沪发布 [N]. 社会科学报，2018-03-22（003）.

[25] 尉鹏阳，范宇峰，王苏礼 . 中国企业智库浅析：概念、特征和发展现状 [J]. 智库理论与实践，2017，2（2）：92-96.

[26] 孟磊 . 论美国智库的功能和运行机制 [J]. 外语研究，2019，36（6）：52-57.

[27] 王辉耀，苗绿 . 大国智库 [M]. 北京：中国社会科学出版社，2014.

[28] 杨亚琴 . 中国特色新型智库现代化建设的若干思考——以智库影响力评价为视角的分析 [J]. 中国科学院院刊，2021，36（1）：70-78.

[29] 邱伟，吕其昌 . 试析全球化进程中的思想库 [J]. 国际论坛，2004（1）：21-24.

[30] 忻华 . 全球治理中的智库角色及前景 [EB/OL]. 中国社会科学网，2017-04-20. http://www.china.com.cn/opinion/think/2017-04/20/content_40655735.htm.

[31] 赵若锦，陈锐 . 我国智库发展现状及提升路径研究 [J]. 现代管理科学，2018（11）：66-68.

[32] James G. McGann. 2020 Global Go To Think Tank Index Report[R]. University of Pennsylvania，2021-01-28.

[33] 郭周明 . 日本智库为何能产生"经世之学"[EB/OL]. 2020-04-09. http://finance.sina.com.cn/zl/china/2020-04-09.

[34] 唐果媛 . 立足特色优势打造开放平台建设中国特色世

界一流新型企业智库——专访中国石油集团经济技术研究院余国院长 [J]. 智库理论与实践，2022，7（5）：154-158.

[35] 王琳琳 . 中央企业智库联盟聚智献策国家"四梁八柱"成 长 发 展 [EB/OL]. 2020-12-30. https://www.sohu.com/a/441544833_158724

[36] 中国特色新型智库建设的机遇、挑战与前景 [N]. 光明日报，2016-04-06（16）.

[37] 马建堂 . 为现代化新征程贡献智库力量 [N]. 光明日报，2021-05-13（15）.

[38] 柯银斌，吕晓莉 . 智库是怎样炼成的？——国外智库国际化案例研究 [M]. 南京：江苏人民出版社，2016.

[39] 乐烁 . 兰德公司发展经验与对我国智库建设的启示 [D]. 武汉：湖北大学，2013.

[40] 中国智库报告影响力评价与政策建议（2013-2017）[R]. 上海社会科学院，2018.

[41] 徐菲 . 我国高校智库建设的现实困境与路径转型——基于"中国智库索引"数据的分析 [J]. 智库理论与实践，2020，5（6）：54-60.

[42] 程建平 . 高校智库建设的功能定位、运行机制与路径选择 [J]. 社会治理，2020（6）：5-8.

[43] 颜毓洁，赵思琪 . 南方传媒智库矩阵的发展实践与启示 [J]. 传媒，2020（8）：57-59.

[44] 张大卫 . 构建中国特色新型智库生态圈 [J]. 国土资源，2019（2）：7-9.

[45] 董兴荣 . 科技赋能，未来已来——未来商业与经营的

参考文献

六大黑洞效应 [J]. 财资中国，2018（3）.

[46] 杨杰，姜帆. 组织生态学视域下的新型高校智库建设研究 [J]. 高教探索，2021（12）：21-29.

[47] 施蕾蕾，孙蔚. 中国新型智库平台化发展趋势及前景展望 [J]. 中州学刊，2021（10）：82-86.

[48] 蒋勤国，王昆发，张子才，等. 媒体＋智库：构建专业舆情服务全链条生态体系——惠州报业传媒集团东江舆情研究院之探索实践 [J]. 中国地市报人，2021（9）：20-24.

[49] 李心欣. 高校思想政治教育网络生态化建设研究 [J]. 智库时代，2020（12）：182-183.

[50] 吴玉浩，姜红，陈晨. 智库联盟知识生态系统的演化与运行机理研究——以阿里研究院为例 [J]. 情报理论与实践，2022，45（1）：54-62.

[51] 温贺. 集团企业内部战略协同关系研究 [J]. 铁路采购与物流，2009，4（9）：39-40.

[52] 宋鹭，安怡宁. 世界顶级智库如何开展和保障高质量研究——以彼得森国际经济研究所为例 [J]. 智库理论与实践，2021，6（1）：77-83.

[53] 张璐，申静. 基于客户需求的智库知识服务方式实证研究 [J]. 图书情报工作，2020，64（10）：46-55.

[54] 荣灿. 政府决策咨询机构参与国际信息合作机制的研究 [D]. 武汉：华中师范大学，2016.

[55] 中央全面深化改革领导小组第十八次会议通过《国家高端智库建设试点工作方案》[J]. 中国人才，2015（23）：5.

[56] 张伟. 新型智库基本问题研究 [M]. 北京：中共中央党

校出版社，2017.

[57] 张伟，黄宪起. 智库能力评价与创新 [M]. 北京：中共中央党校出版社，2017.

[58] 王振容. 当代伊朗智库的发展及其对外交决策的影响 [J]. 阿拉伯世界研究，2017（5）：32-44+118-119.

[59] 董亚伟. 希腊古典时代德尔菲神谕在战争中的作用 [D]. 西安：陕西师范大学，2010.

[60] 徐晓明. 面向政府科学决策的现代智库：现存困境、未来愿景及路径建构 [J]. 情报工程，2020，6（4）：81-92.

[61] 张大卫，陈文玲，王军，等. 美国全球知名智库发展现状与启示 [N]. 光明日报，2016-08-10（016）.

[62] 高程，王玲. 兰德公司运作模式对我国科技型智库发展的启示 [J]. 全球科技经济瞭望，2021，36（9）：52-58.

[63] 张新培. 高校智库的组织特征研究 [D]. 上海：上海交通大学，2016.

[64] 韩玉梅，宋乃庆. 新型教育智库的组织形态和研究路径 [J]. 教育研究，2019，40（3）：145-153.

[65] 牛溪，李君臣. 我国企业智库发展现状、特点及趋势 [J]. 智库理论与实践，2018，3（3）：44-50.

[66] 郭莉，王乐，沈高锋. 企业智库战略定位研究——从内部视角转向外部视角 [J]. 智库理论与实践，2020，5（1）：16-21.

[67] 李刚，王传奇. 企业智库：范畴、职能与发展策略 [J]. 智库理论与实践，2018，3（5）：1-7.

[68] 柯银斌，马岩. 企业智库的战略定位 [J]. 智库理论与实

践，2017，2（2）：84-91.

[69] 魏晨，张婧，马燃 . 20 世纪以来美国现代智库的发展概述与扼要 [J]. 科技智囊，2021，（2）：73-80.